AF389126

La prière du soir à bord d'un vaisseau.

# VOYAGES

## A LA RECHERCHE

### DE

# SIR JOHN FRANKLIN

## PAR HENRI FEUILLERET

Qu'importe le nom du vainqueur,
pourvu qu'il y ait une victoire ?
J.-R. BELLOT.

—

## DEUXIÈME ÉDITION

# TOURS

A<sup>D</sup> MAME ET C<sup>IE</sup>, IMPRIMEURS-LIBRAIRES

—

1861

# AVERTISSEMENT

---

En offrant ce livre à la jeunesse studieuse, nous nous adressons particulièrement à ceux de nos lecteurs qui connaissent déjà un ouvrage de notre collection intitulé : *le Pôle nord, ou Voyages et Découvertes dans les régions arctiques au* XVIII<sup>e</sup> *et au* XIX<sup>e</sup> *siècle.*

L'auteur, M. Henri Lebrun, y passe en revue, en les analysant, les principaux voyages entrepris depuis Behring jusqu'à Back pour découvrir le passage nord-ouest.

Nous leur offrons la suite de cet ouvrage intéressant, les priant de vouloir bien accorder à la lecture du nôtre la même attention, le même intérêt qu'à la lecture du premier.

Nous l'avons naturellement divisé en deux parties. Dans la première, nous racontons le dernier voyage de sir John Franklin et les diverses entreprises formées pour jeter la lumière sur la disparition mystérieuse de cet intrépide marin. Nous accordons, on le comprendra aisément, une plus large part, dans ce récit, à notre compatriote Bellot, jeune officier de marine, si prématurément enlevé à sa patrie, à la science et à l'humanité, qu'il honorait également.

La deuxième partie, sous le titre de *Scènes et Tableaux des mers polaires*, reproduit la physionomie de ces contrées, à l'aide de quelques **fragments empruntés**, soit au journal de Bellot, soit au voyage, récemment publié et traduit, du docteur Kane. L'auteur a choisi les uns et les autres de manière à ne laisser aucun doute dans l'esprit de ses jeunes lecteurs sur cette vérité capitale : que la grandeur et la bonté de Dieu se manifestent dans les régions les plus désolées du globe.

Après le récit, la description : telle est l'économie de ce petit livre, que nous plaçons sous l'invocation de Celui qui donne ou refuse le succès en ce monde, et qui accorde toujours sa justice dans l'autre.

22 juillet 1860.

# PREMIÈRE PARTIE

---

# VOYAGES

## A LA RECHERCHE DE SIR JOHN FRANKLIN

---

## INTRODUCTION

### LE POLE NORD

« Le pôle arctique est épouvantable. A mesure qu'on en approche, le ciel s'assombrit et les jours s'abrégent; des glaçons énormes flottent de toutes parts; les côtes, hérissées, se

dénudent, et la neige remplace la terre végétale, sur laquelle des nuages lourds et noirs
se traînent : un silence implacable règne sur
cette nature sinistre. C'est le pays de la mort.
On le devine à l'engourdissement qui saisit
dès qu'on y pénètre. A défaut du souvenir des
trépas illustres dont l'histoire de ces parages
est pleine, çà et là des débris de navires mys-
térieusement disparus attestent la présence
voisine de la puissance éternellement triomphante. Ce sont des indices plus positifs encore : à demi enterrés dans des mousses
maigres, de tous côtés l'on aperçoit des cercueils, témoignage de l'audace humaine. Le
couvercle, enlevé par les vents, laisse à nu
les os blanchis des squelettes. Une croix gros-
sière étend encore sur eux ses bras mutilés, et
une inscription à demi effacée rappelle le nom
de celui que les siens n'ont pas revu !

« Il y a pourtant dans ces contrées des

tristesses permanentes un charme victorieux ,
quelque chose comme cet attrait fatal dont
Edgar Poë s'est plu à décrire les voluptés.
Quand ce ne sont pas de simples baleiniers
qui s'en vont fouiller les plus abordables re-
traites de cet Eldorado funeste, ce sont des
savants que ses mystères y attirent. Bien
mieux , ce sont des gens du monde qui quittent
la terre féconde et bienveillante de la patrie
pour s'en aller contempler, d'un œil habitué
aux féeries des *Italiens* et d'*Opera-house*, les
épouvantements de ces régions hostiles (1). »

(1) Léon Renard. ( Voir le *Moniteur universel* du 7 janvier 1860. )

# CHAPITRE I

Les précurseurs de Franklin.

Nous voudrions que nos jeunes lecteurs prissent une mappemonde ou un globe terrestre, et nous suivissent dans le voyage que nous allons entreprendre. Nous partirons, s'ils le veulent bien, du Havre, et une fois lancés sur l'océan Atlantique, nous mettrons le cap au nord-ouest, comme si nous voulions aller en Islande. Nous rencontrerons le Groënland, grande presqu'ile, masse de terre et de glace, dont la côte occidentale est seule habitée, par des Danois et des Esquimaux. Nous doublons le cap Farewell, de sinistre augure, car ce mot veut dire *adieu!* Quand on le franchit, c'est comme si l'on disait adieu au monde civilisé, et l'on jette un regard de tristesse et de terreur vers le monde inconnu qui s'ouvre devant soi. Bientôt on arrive au détroit de Davis. On laisse, au sud, celui d'Hudson et la mer de ce nom, et l'on pénètre dans la mer ou baie de Baffin, qui n'est peut-être qu'un grand canal. Au fond de cette baie on rencontre, au milieu des glaces éternelles des régions polaires, des îles, des caps, des canaux, des presqu'îles, des banquises, des montagnes de glaces, des terres élevées, des côtes douteuses, des détroits sans fin, un labyrinthe inextricable dont les sinuosités et les ouvertures varient sans cesse, grâce à la perpétuelle mobilité des glaces flottantes.

C'est pourtant à travers ce réseau d'îles et de détroits que les Anglais ont, depuis trois siècles, cherché un passage qui, mettant en communication l'océan Atlantique avec le Pacifique, pût abréger la route de leurs communications avec la Chine et les Indes orientales. Depuis les voyages et les découvertes des deux Cabot et de J. Cartier, bien des tentatives ont été faites pour résoudre ce problème. Frobisher, navigateur anglais du xvi<sup>e</sup> siècle, fit trois voyages dans ce but, et reconnut par 61° de latitude boréale le cap Farewell. John Davis fit aussi trois voyages, visita le détroit qui porte son nom, et signala la terre dite de *Désolation*. Aucun de ces voyages n'amena la découverte du mystérieux passage. Puis vinrent Henri Hudson et William Baffin, qui explorèrent, au commencement du xvii<sup>e</sup> siècle, les deux mers qui portent leurs noms. Relativement au problème posé par la politique commerciale de l'Angleterre, Baffin nia l'existence d'un passage au nord du détroit de Davis. Il faudrait parcourir les cinq volumes in-folio de Purchas, mort en 1628, pour se former une idée des tentatives faites au xvi<sup>e</sup> siècle et au commencement du xvii<sup>e</sup>, en vue de percer le mystère, aujourd'hui résolu, du passage nord : *Tantæ molis erat!...*

Cependant le gouvernement anglais, qui ne partageait pas l'opinion de Baffin, et qui attachait une grande importance à la solution du problème, offrit vingt mille livres sterling à celui qui découvrirait le fameux passage nord. Le Danois Behring venait de faciliter cette solution, en découvrant le détroit qui porte son nom, et en prouvant qu'au moins de ce côté le Pacifique communique avec les mers arctiques.

D'autres explorateurs, Hearn, le Canadien Mackensie, et Back, voyageant par terre au nord de l'Amérique, descendaient les grands fleuves qui portent leurs noms, et qui, coulant du sud au nord, à travers les grands lacs dont la Nouvelle-Bretagne est inondée, charrient péniblement leurs eaux vers les mers arctiques. Ils reconnaissaient ainsi une portion du rivage américain baigné par elles. Ainsi attaqué de trois côtés, par le sud, par l'ouest et par l'est, ce rivage devait enfin révéler le grand mystère, donner le mot de l'énigme, montrer qu'il est entièrement indépendant des terres polaires, offrir enfin entre elles et lui un canal plus ou moins étroit, qui serait le passage tant cher-ché. L'Amérique alors devait se présenter, comme l'ancien continent, sous la forme d'une île immense, bizarrement découpée en deux grandes presqu'îles, reliées l'une à l'autre par l'isthme de Panama. Mais que de temps et d'efforts, que de douloureux sacrifices pour arriver au but! On raconte dans certaine légende qu'un génie malfaisant est préposé à la garde de trésors cachés, qu'il ne se laisse ravir qu'en échange de victimes humaines : c'est l'histoire de bien des découvertes géographiques. Il faut donc étudier cette science avec un grand intérêt, je dirais presque avec un grand recueillement, puisqu'il n'y a pas un nom sur la carte de ces parages lointains qui ne révèle celui d'un navigateur intrépide, souvent d'un martyr de la science et de l'humanité (1).

(1) Baffin, Davis, Hudson, Behring, Franklin, Bellot, etc. « Avec cela, écrit le dernier des voyageurs que nous venons de nommer, que les noms de la carte : *Desolation, Turnagain, Repulse,* sont faits pour vous donner des idées couleur de rose! » Il aurait pu ajouter le cap *Separation,* la pointe *Anxiety,* la baie du *Refuge,* etc.

# CHAPITRE II

Sir John Franklin.

Nec aspera terrent.
(*Devise de Franklin.*)

Parmi les navigateurs que l'Angleterre envoya à la recherche d'un passage au nord de l'Amérique, sir John Franklin a acquis uue bien triste célébrité. Tandis que le capitaine Parry cherchait ce passage, le gouvernement anglais faisait partir sir John Franklin à la baie d'Hudson, avec mission d'en explorer le rivage, depuis l'embouchure de la Copper-Mine (rivière *mine de cuivre*) jusqu'au point le plus éloigné qu'il atteindrait à l'est. En huit années, de 1818 à 1827, Franklin fit deux voyages dans le but d'étudier tous les accidents du sol et des côtes, la forme des contours qu'affectent les régions polaires (1).

En 1845, il partit pour la troisième fois, avec les deux bombardes l'*Erebus* et la *Terror* (noms de sinistre augure). Les instructions dont il était chargé lui prescrivaient de s'avancer par le passage de Lancaster et le détroit de Barrow, et de saisir la première occasion de se diriger par le sud-ouest jusqu'au détroit de Behring. S'il ne découvrait pas le passage tant désiré, il était autorisé à revenir sur ses pas, et, prenant le canal de Wellington, il devait doubler les îles Parry, au nord, et redescendre au sud-ouest, pour tenter de ce côté la solution du problème.

Le 26 mai 1845, l'*Erebus* et la *Terror*, montés par cent soixante-huit hommes (2), et portant pour quatre années de vivres, mirent à la voile, tirant vers la mer de Baffin et tou-

(1) Voir, pour le récit de ces voyages, *le Pôle nord*, par M. Henri Lebrun, ouvrage de notre collection.

(2) Cent trente seulement, suivant le rapport de Mac-Clintock, ainsi qu'on le verra plus loin.

chant à l'île de Disco, près de la côte du Groënland. C'est de là que Franklin data la dernière lettre (12 juillet 1845) qu'il adressa à l'amirauté britannique. Il y montrait beaucoup d'espoir et de confiance. Il y annonçait qu'il se dirigerait la nuit suivante vers le détroit de Lancaster. Des navires baleiniers le rencontrèrent encore le 26 juillet suivant dans la baie de Baffin, par 74° de latitude et 70° de longitude O. Il faisait savoir, par eux, qu'il avait encore des vivres pour trois ans. Depuis on n'entendit plus parler de Franklin. Trois ans se passèrent sans qu'on sût quelle direction avait prise sa petite escadre. En 1848, le monde savant, l'opinion publique, la digne épouse du brave et illustre marin, s'émurent justement de la mystérieuse disparition de l'*Erebus* et de la *Terror*. Le gouvernement britannique prit naturellement l'initiative des recherches qu'on allait diriger sur les traces des deux navires.

Trois expéditions s'armèrent. La première, sous le commandement de sir James Ross, devait suivre, autant que possible, la route que les instructions de l'amirauté avaient prescrite à Franklin. Elle se composait de deux navires, l'*Enterprise* et l'*Investigator,* montés par cent trente-huit hommes. Parti le 12 mai 1848, le capitaine Ross arriva, le 22 juin suivant, dans la baie de Disco. Le 28 juillet, il entra dans le détroit de Lancaster, et l'on n'entendit plus parler de lui jusqu'à son retour inopiné à Scarborough, le 3 novembre 1849. Un baril jeté à la mer avait, dans cet intervalle, fait connaître seulement sa position, le 28 août précédent. Emprisonnés par les glaces, emportés par elles dans des directions contraires, les deux navires revinrent sans rapporter de nouvelles précises de Franklin et de son expédition.

Le 31 janvier 1849, une deuxième expédition prit la mer. Le *Plover* était monté par le capitaine Moore et cinquante-deux hommes d'équipage. Il alla doubler le cap Horn, avant de se rendre, par le détroit de Behring, dans les mers polaires. Cette expédition, comme la précédente, n'amena aucun résultat.

Les docteurs Richardson et Raë quittèrent Liverpool le 25 mars 1848, par un paquebot américain qui les débarqua à New-York. Ils descendirent la Mackensie et la Copper-Mine, explorèrent avec soin la partie de la côte interceptée par ces deux rivières. Richardson revint en Angleterre en 1849, et ses recherches furent, comme les premières, également infructueuses. Quant à Raë, il fut plus heureux ; mais il ne put que longtemps après faire parvenir à l'amirauté de précieux renseignements sur l'expédition de sir John Franklin. Nous verrons plus tard de quelle nature étaient ces renseignements.

Le docteur Richardson avait émis l'idée que le pays qu'il avait parcouru était assez giboyeux pour faire supposer que Franklin et ses compagnons n'avaient pas eu à souffrir de la faim. Malheureusement le rapport de Ross sur sa croisière de juin 1848 à septembre 1849 détruisait cette conjecture , et n'apportait aucune lumière sur la destinée de Franklin.

En 1850, de nouveaux efforts ne furent pas couronnés d'un meilleur succès. Le commodore Austin partit avec quatre navires ; le capitaine baleinier Penny, avec deux autres bâtiments, se joignit au capitaine sir John Ross, qui repartit pour une nouvelle campagne. Enfin une expédition américaine, généreusement équipée par M. Grinnell, négociant de New-York, et montée par des officiers de la marine des États-Unis, s'associa à cette glorieuse entreprise. Il n'y eut pas jusqu'au gouvernement russe qui ne s'employât pour concourir à ces voyages d'exploration (1).

(1) Voici le tableau des expéditions envoyées depuis 1848 jusqu'en 1855 à la recherche de sir John Franklin. Nous l'empruntons au *Magasin pittoresque*, volume XXIII, page 256 :

|  | *Dépenses.* |
|---|---|
| 1. Kellet, Moore et Pullen, au détroit de Behring. . . . . . . . . . | 92,466 l. st. |
| 2. Raë et Richardson, terres arctiques. . | 10,000 |
| 3. Bird et Ross, détroit de Barrow. . . | 70,000 |
| 4. Saunders, même point. . . . . . | 50,000 |
| *A reporter.* . | 222,466 l. st. |

Il y avait comme quelque chose de religieux dans le solennel recueillement avec lequel les officiers de la marine anglaise se dévouaient à ces hasardeux voyages d'exploration. Leurs devises sont très-significatives. En voici quelques-unes : Ommaney, *Domine, dirige nos;* — Osborne, *Rien au hasard, rien pour le gain;* — Krabbe, *Pour un et pour tous;* — Mac-

|  | *Report.* . . | 222,466 l. st. |
|---|---|---|
| 5. Collinson, M. Clure, Moore, etc., détroit de Behring ( 4 navires ). . . | | 150,000 |
| 6. Penny, détroit de Barrow. . . . . | | 15,000 |
| 7. Austin, Ommaney, même destination ( 4 navires ). . . . . . . . | | 145,000 |
| 8. J. Ross, même destination. . . . . | | 4,000 |
| 9. Forsyth, *idem.* . . . . . . . . | | 4,000 |
| 10. Raë, terres arctiques. . . . . . | | 2,000 |
| 11. Kennedy, Regent-Inlet. . . . . . | | 5,000 |
| 12. Inglefield, baie de Baffin. . . . . | | 5,000 |
| 13. Belcher, détroit de Barrow (5 navires). | | 250,000 |
| 14. Maguire, détroit de Behring. . . . | | 20,000 |
| 15. Trollope, même destination. . . . | | 50,000 |
| 16. Kennedy, *idem.* . . . . . . . . | | 4,000 |
| 17. Inglefield, détroit de Barrow. . . . | | 60,000 |
| 18. Le même, *idem.* . . . . . . . | | 60,000 |
| 19. Raë, isthme de Boothia. . . . . . | | 4,000 |

Total, jusqu'en 1855. . . . 1,000,466 l. st.

Clintok, *Foi et résolution;* — Breadford, *Prospice, respice;* — Allen, *Le cœur ne peut faillir pour autrui,* etc.

Cependant lady Franklin, l'épouse de l'infortuné capitaine dont la disparition et le silence étaient pour tous un sujet d'inquiétude, ne restait pas spectatrice oisive des hardies tentatives faites de tous côtés pour découvrir les traces de l'*Erebus* et de la *Terror.* Cette dame, qui était fort riche, mais dont le dévouement surpassait la fortune, mettait tout en œuvre pour obtenir des renseignements précis sur la destinée de son époux. Elle n'épargna à cet effet ni démarches ni instances auprès du gouvernement anglais; elle prodigua l'argent, et c'est à sa généreuse initiative que furent dues quelques-unes des expéditions que nous venons d'énumérer. Ce n'est pas tout : lady Franklin, aidée de quelques amis, se mit à correspondre avec tout l'univers, afin d'obtenir quelques éclaircissements sur l'expédition Franklin. Mais sa tendresse et son

zèle ne se bornèrent pas à prendre sur ses nuits
mêmes le temps que nécessitait cette vaste correspondance ; elle équipa à ses frais la goëlette
le *Prince-Albert*, de quatre-vingt-dix tonneaux,
sous le commandement du brave capitaine
Kennedy. Il devait aller explorer le golfe ou
canal du Prince-Régent.

« Franklin, dit un officier de marine dont
nous aurons à parler longuement, suivant à la
lettre ses instructions, s'était sans doute engagé,
de façon à n'en pouvoir sortir, dans les chenaux
étroits et au milieu des îles inconnues qui
existent entre la terre de Banks et les terres
Victoria et Wollaston. Dans l'hypothèse surtout où il aurait perdu ses navires, il pouvait
se faire qu'il cherchât à gagner, avec des embarcations, le continent de Boothia ; et cette
supposition devient encore plus admissible, si
l'on se rappelle qu'au moment de son départ
on ne connaissait point les travaux du docteur
Raë, et qu'on croyait à la jonction du détroit du
prince-Régent avec ceux de Dease et de Simpson.

« La mission du *Prince - Albert* avait pour but de parer à cette éventualité. Malheureusement ce petit navire, après une navigation remarquable à l'entrée des détroits du Prince-Régent et de Barrow, fut obligé de revenir en Angleterre, où il rapportait, d'ailleurs, de très-bonnes nouvelles du progrès de l'escadre arctique et quelques débris de toiles, de cordages et d'ossements ramassés au cap Riley. Un examen attentif, une analyse à laquelle la science fournissait des conclusions remarquables, prouvèrent que ces objets avaient appartenu à des hommes civilisés et même à des navires de guerre, et qu'ils n'avaient pu être laissés à une époque antérieure à 1845. Les motifs qui avaient dicté l'envoi du *Prince-Albert* en 1850 existaient encore en 1851, et lady Franklin se résolut à continuer ses sacrifices (1). »

J.-R. Bellot, *Voyage aux mers polaires*, in-8°, chez Perrotin. Paris, 1854. Pages 2 et 3.

# CHAPITRE III

Le *Prince-Albert*.


Au moment où se formaient ces diverses expéditions à la recherche de Franklin, un jeune officier de la marine française se trouvait en station à Montevideo. Il gémissait de ne pouvoir y prendre part. Aussi quelle ne fut pas sa joie lorsqu'à son arrivée en France, 25 août 1850, il apprit que lady Franklin allait armer de nouveau le *Prince-Albert !*

De son côté, le gouvernement français ne pouvait demeurer étranger à une entreprise qui intéressait la science et l'humanité. Franklin était membre correspondant de l'Institut et de la Société de géographie de Paris. Bellot obtint facilement du ministre de la marine l'autorisation de prendre part à la nouvelle expédition qui se préparait, et, au mois de mai 1851, il arrivait à Aberdeen, en Écosse, où s'équipait le *Prince-Albert*.

La manière dont le jeune officier de marine fut reçu en Angleterre et en Écosse prouve que le gouvernement anglais était sensible aux bons procédés de la France. On peut dire que le dévouement de Bellot resserra les liens qui devraient toujours unir les deux nations les plus civilisées du monde. Les sympathies qu'il rencontra partout, les attentions délicates dont il fut particulièrement l'objet à Aberdeen, de la part de lady Franklin, le surprirent et le touchèrent profondément ; mais avec sa modestie habituelle il reportait le tribut de ses hommages à la France sa patrie, et à son uniforme de marin.

Cependant aucune distraction ne pouvait détourner son esprit de l'objet qui le préoccupait. Il écrivait à M. Marmier, conservateur de la bibliothèque de Sainte-Geneviève, à Paris, une longue lettre dans laquelle il exposait les moyens de résoudre le problème qui, depuis trois ans, agitait les esprits.

« Après être entré dans le détroit de Davis et la baie de Baffin, passez, lui disait-il, les détroits de Lancastre et de Barow, et pénétrez dans le golfe du Prince-Régent, vous trouvez sur la côte est un endroit marqué Fury-Beach : c'est là que le capitaine Parry perdit, en 1825 (1), un des bâtiments sur lesquels il fit son troisième voyage dans l'océan Glacial. Le capitaine Franklin, qui savait trouver là un immense approvisionnement, doit s'y être évidemment dirigé, en admettant qu'il ait été dans la nécessité d'abandonner ses navires. Ses instructions lui prescrivaient de chercher à passer dans le sud-ouest du cap Walker ; d'autres routes lui étaient indiquées dans le cas d'une impossibilité. Mais ceux qui connaissent le capitaine Franklin ne mettent point

_______

(1) Voir *le Pôle nord*, par M. Henri Lebrun, pages 93 et 119.

en doute qu'il n'ait suivi ses instructions à la lettre ; seulement, comme l'hiver de 1845 a été extraordinairement rigoureux, il devient évident qu'il aura dû songer à abandonner ses navires au moment où les provisions commençaient à lui manquer, et, comme il connaissait parfaitement le pays, il a dû chercher à se rabattre vers le détroit du Prince-Régent, le plus près de l'Europe, et, par conséquent, c'est là qu'il doit le plus naturellement attendre des secours (1). »

Le *Prince-Albert* est, avons-nous dit, une goélette de quatre-vingt-dix tonneaux. Elle a pour plus de deux ans de vivres et d'approvisionnements. Elle est pourvue d'une magnifique baleinière en acajou et d'un canot en gutta-percha. Le capitaine avait, de plus, une pi-

______

(1) Ces lignes attestent un esprit de sagacité et de prévision qui n'aurait jamais dû abandonner celui qui les écrivait. Pourquoi faut-il qu'au lieu de persister dans cette voie, qui était la bonne, Bellot ait été chercher la mort au nord du canal de Wellington, au lieu d'explorer au sud le canal du Prince-Régent et la presqu'île de Boothia !

rogue de sept mètres de long, sur un mètre de large, construite en fer-blanc, recouverte d'une couche de gutta-percha, sur le modèle des *kayacks* des Esquimaux. Le canot était entièrement couvert, à l'exception d'un trou, au milieu, assez grand pour laisser passer le corps d'un homme. Sur les bords de ce trou était adapté une bourse de cuir, en forme de blouse, que revêtait le navigateur et qu'il boutonnait jusqu'au menton, ce qui rendait toute immersion impossible. Quant à la pirogue, elle manœuvrait au moyen d'une double pagaie (petite rame des Indiens) qui permettait de circuler partout avec quelques centimètres d'eau seulement pour fond. Quand elle avait servi à franchir les espaces qui séparent les bancs de glace des mers polaires, à porter des cordes de communication d'un point à un autre, elle était encore utilisée comme moyen de campement pendant la nuit. Bellot avait un manteau imperméable qui pouvait prendre la forme d'un canot en soufflant de l'air entre la doublure et la partie extérieure : ce qui est d'une grande ressource dans les régions polaires, où l'absence de bois rend impossible la construction de tout radeau. On rapporte que Franklin faillit mourir de faim, en 1819, sur les bords de la Copper-Mine, faute d'une simple planche qui lui eût permis de rejoindre à quelques milles des tribus amies (1).

L'expédition emmenait encore avec elle six pigeons courriers, pour faire la correspondance. Le prince Albert, dont la goëlette portait le nom, lui fit présent d'un orgue magnifique, dont les sons graves et prolongés devaient produire un grand effet dans les vastes solitudes des régions polaires. Enfin l'amirauté anglaise, songeant au solide, donna une grande quantité de *pemmican*, substance alimentaire qui, sous un petit volume, possède de grandes qualités nutrives.

Il était difficile à un navire aussi petit que

(1) Voir *le Pôle nord*, par M. Henri Lebrun, pages 77 et suiv.

le *Prince-Albert* de comprendre des objets d'agrément, quand il fallait se pourvoir d'un nombre déjà considérable d'objets utiles ; mais l'équipage était *teatotaller*, ce qui signifie que tous ceux qui en faisaient partie, Bellot excepté, se contentaient de thé pour toute boisson. En conséquence, on n'avait apporté à bord ni vin, ni bière, ni cidre. « Point de spiritueux chez nous, dit Bellot, si ce n'est dans la pharmacie du docteur. O Bacchus ! ô Pomone ! détournez les yeux ; divinités vengeresses de ma chère Saintonge, épargnez son enfant infidèle ! »

Faisons maintenant connaissance avec l'équipage du *Prince-Albert*. C'est encore Bellot qui va nous servir d'introducteur. « De robustes Écossais des Orcades ou des Shetland, ayant pris part aux campagnes précédentes de Raë, de Richardson, de Franklin, ou éprouvés par de nombreuses campagnes à la pêche de la baleine, forment un équipage d'élite. M. John Hepburn, qui a suivi Franklin dans sa reconnaissance des rivières Copper-Mine et Mackensie, arrive en toute hâte de la terre de Van-Diemen pour donner une nouvelle preuve de son dévouement à son ancien capitaine. M. Leask, pilote du *North-Star*, qui connaît les détroits de Baffin et de Barow, est notre *ice-master*; à notre tête, enfin, est M. Kennedy, capitaine de la compagnie d'Hudson, homme antique, rejeton de ces puritains dont l'indomptable courage a sa source dans la foi la plus vive, un de ces modèles sur lesquels Cooper a fait son *Path-Funder*. »

Il y avait encore à bord du *Prince-Albert* M. Kane (1), voyageur universel, qui avait parcouru la Chine, remonté le Nil, visité la Nubie, traversé le Dahomey, assisté à la guerre du Mexique, parcouru la France, l'Allemagne, la Suisse et l'Espagne. Il lui restait à faire con-

(1) Voir à la fin du du volume la notice sur la première expédition de Kane.

naissance avec les régions arctiques. « Seul, ajoute Bellot, au milieu de ces hommes éprouvés par d'incroyables souffrances, je n'apporte, au lieu d'expérience, qu'une ardeur sans bornes; mais j'ai confiance. »

# CHAPITRE IV

J.-R. Bellot.

C'est ici le moment de faire connaître Bellot. Né à Paris le 18 mai 1826, il n'en appartient pas moins, par sa famille, par son éducation, à Rochefort, qui le réclame comme un de ses plus glorieux enfants. Entré à quinze ans à l'École navale, il s'y fit remarquer par une rare aptitude pour les sciences nautiques. Il sortit de l'École le cinquième sur quatre-vingts élèves. Nommé à dix-sept ans élève de seconde classe, il embarqua sur le *Suffren*, puis sur le *Friedland*. En 1844, nous le trouvons à bord de la corvette le *Berceau*, près des côtes de Madagascar. Dans une expédition contre Tamatave, un des ports de cette île, il

2*

se comporta si bien, qu'il obtint la croix de la Légion d'honneur : il n'avait pas vingt ans! En 1845, il fut nommé élève de première classe, et deux ans après il reçut le brevet d'enseigne de vaisseau. L'année 1848 le trouve sur la corvette la *Triomphante*, à Montevideo. C'est là, comme nous l'avons dit, qu'il eut connaissance des entreprises formées en Angleterre et en Amérique pour aller à la recherche de Franklin.

Ceux qui ont connu Bellot nous le dépeignent comme petit de taille, mais bien fait. L'énergie et la résolution se peignaient sur ses traits larges et ouverts. Son geste était fier ; sa voix, celle du commandement. Il avait presque perdu l'accent de sa langue maternelle, par l'habitude qu'il avait prise de parler constamment anglais.

Son instruction pratique était excellente ; mais son instruction littéraire laissait un peu à désirer. Il le savait ; il en gémissait souvent : « Quand je me trouvais, dit-il, dans ces dispositions à bord, quand je me disais surtout que, dans les arts, la peinture, la musique, je n'étais guère plus avancé que dans la science, alors je m'enfermais dans ma cabine, et je cherchais des consolations dans la lecture (1). »

Il y trouvait mieux que des consolations,

(1) Il écrit ailleurs, s'adressant à son jeune frère Alphonse, en manière de prosopopée : « La campagne que j'ai entreprise, les phénomènes que j'ai contemplés, excitent en moi des regrets pleins d'amertume, parce que je rencontre à chaque pas des choses que j'ignore et que je voudrais savoir : botanique, géologie, minéralogie, oiseaux, insectes, coquilles, attirent mon attention, et me reprochent des heures perdues jadis, et dont j'aurais ici trouvé l'emploi si utile !... Histoire, géographie, religion, philosophie, me font des appels simultanés, auxquels je ne puis répondre à la fois ! Littérature, sciences, musique, peinture, m'ont tenté et me reprochent de n'avoir d'elles que de vagues souvenirs !

« Mon cher enfant, ne succombe point à toutes ces séductions, aie un petit nombre de toutes ces connaissances et cultive-les soigneusement. Nous sommes trop imparfaits pour cumuler tant de spécialités, à chacune desquelles une vie entière suffit à peine. Prends garde ! dans le champ où tu es admis à glaner, que si tu cours sans cesse d'une fleur à l'autre, ta gerbe ne sera pas faite dans le temps permis, et alors il sera trop tard. » (Voir *Journal*, etc., par J.-R. Bellot, pages 166 et suiv.

il y puisait le goût du beau ; et celui qui a écrit
les lignes suivantes était sans doute capable de
faire mieux que de comprendre la beauté littéraire chez les autres : « Je relis les Voyages
de sir John Franklin. Quelle admirable simplicité ! et que la véritable supériorité se trahit
au milieu de ces phrases sans prétention,
disant seulement ce que ces hommes éminents
ont vu, d'une façon claire et poétique cependant, car ils sont les peintres fidèles de la
nature ! En lisant ces Voyages, comme ceux de
Parry, on est pénétré d'une intime confiance,
et, sans se rendre compte de ce qu'on éprouve,
on est instinctivement porté à les croire ; et
cependant pas de phrases sonores et creuses :
des faits à chaque ligne ; ce sont des peintres
à la façon de Humboldt : on sent ce qu'il y a
de substantiel, d'élevé dans ces narrations, de
solide et d'instructif dans ces récits, comme on
sent au son que rend un tonneau frappé du
doigt, s'il est plein ou vide (1). »

(1) Il dit dans un autre endroit de son *Journal :* « Quelle

A vingt ans, Bellot l'emportait sur la masse des jeunes gens de son âge. Si une sorte d'incertitude régnait encore dans ses croyances, ce dont il gémissait d'ailleurs avec sincérité, c'est qu'une plus longue épreuve des choses de ce monde, c'est qu'une plus triste expérience des hommes n'avait pas encore dissipé tous ses doutes, affermi ses convictions, éclairé sa route ici-bas. Le moment allait venir où, en présence des grandes scènes de la nature, au contact, pour ainsi parler, de la mort, qu'il allait coudoyer à chaque pas, le jour devait se faire dans cette âme ardente, simple et naïve tout à la fois.

noble entreprise que celle de sir John Franklin! Les hommes de ce caractère ont un pouvoir sympathique bien grand sans doute pour faire germer le dévouement partout sous leurs pas! Comme son livre est naïf! comme il dit simplement : « Nous mourions de faim! » et que d'images ne réveillent pas ces simples mots! MM. Parry et Franklin, dans une ligne, MM. Arago et de Humboldt, dans une autre, ont bien le même genre, celui de la grandeur et de la vérité.

# CHAPITRE V

Premier voyage.


Le 21 mai 1851, six ans presque jour pour jour après le départ de sir John Franklin, la goëlette le *Prince-Albert*, montée par dix-huit hommes y compris les officiers, mit à la voile, le cap au nord-ouest, pour aller toucher au Groënland, cette *Scandinavie américaine.*

« Peu de temps après avoir dépassé le cap Farewell, à l'extrémité sud du Groënland, le 22 juin, le *Prince-Albert* entra dans les glaces et commença à s'y frayer un passage dans la direction de l'établissement danois d'Uppernavich, où nous nous proposions d'acheter des chiens et des traîneaux esquimaux.

Un coup d'œil jeté sur la carte montre que, la baie de Baffin devenant plus étroite en descendant au sud, les glaces qui sont d'abord mises en mouvement dans le haut de la baie par les brises du nord, tendent à s'accumuler à cette gorge et à bloquer le détroit de Davis, même quand le sommet est dégagé. Ce n'est que par une série de va-et-vient que les glaces passent ce barrage, et vont se dissoudre dans l'océan Atlantique. Cette mobilité des glaces, nécessaire à la navigation, en forme précisement le danger, puisqu'on se trouve placé entre les glaces qui viennent du côté où souffle la brise, et la côte où les glaces solides ne sont pas encore détachées. »

Le 12 juillet, le *Prince-Albert* touchait à Uppernavich sur la côte ouest du Groënland, dont cette ville est en quelque sorte la capitale. Le Groënland, dont nos jeunes lecteurs pourront voir la figure sur la carte, est composé de deux mots danois, qui veulent dire

*Terre-Verte*. C'est plutôt *Terre-Blanche* qu'on aurait dû nommer ce pays perdu sous les glaces et les neiges, où ne croissent que quelques maigres bouleaux, des saules nains ; où, dans l'hiver, le thermomètre centigrade descend jusqu'à 45° au-dessous de zéro. On y voit, pourtant, comme sous des climats plus favorisés, la population augmenter dans les rares établissements que les Danois ont sur la côte. De 5,122 habitants qu'elle était en 1789, elle est arrivée, en 1850, à 8,492, et il est probable qu'aujourd'hui (1860) elle atteint, si elle ne le dépasse pas, le chiffre de 10,000 habitants.

En quittant Uppernavich, le *Prince-Albert* rencontra une flottille de baleiniers qui lui donnèrent des nouvelles de l'escadre américaine. Les deux navires qui la composaient, saisis par les glaces, au mois d'octobre 1850, à l'entrée du canal de Wellington, avaient été entraînés malgré eux, pendant l'hiver, au milieu des plus grands dangers, et n'avaient été relâchés qu'en 1851. Bellot apprenait en même temps, avec un vif intérêt, que l'escadre arctique avait trouvé, dans l'île Beechey, des preuves authentiques du séjour de Franklin dans la baie formée par cette île et le cap Riley, pendant l'hiver de 1845 à 1846. Le *Prince-Albert* remonta au nord vers la baie de Melvill, en compagnie des baleiniers.

« Au sortir de la baie de Disco, nous étions tombés au milieu de montagnes flottantes de glace ; dont nous pûmes souvent compter plus de deux cents en vue à la fois, la moyenne ayant cent à cent cinquante pieds de hauteur ; mais quelques-unes atteignaient deux cents et même deux cent cinquante pieds de hauteur. Cette baie est, pour ainsi dire, le chantier où se forment et d'où sont lancées ces masses énormes, à cause des glaciers dont elle est bordée, et dont les îles flottantes ne sont que des fragments qu'en détache l'action de la chaleur et de la pesanteur. La même cause agissant sur les montagnes de glace (*icebergs*), détruit souvent l'équilibre par l'altération de leurs formes, et plus d'une fois nous fûmes témoins de la scène imposante de ces masses qui se brisent avec des détonations semblables à celles de la foudre, et qui se renversent subitement sur elles-mêmes au milieu des vagues, qu'elles font jaillir à une grande hauteur. »

Après vingt jours d'une attente pleine d'inquiétude, le *Prince-Albert* essaya de s'ouvrir un passage à l'ouest, par le détroit de Lancastre, et, après de pénibles efforts, parvint à la baie de Pond (Pond's Bay), à l'entrée de ce détroit. Puis il pénétra plus avant dans celui du Prince Régent, en explora les deux côtes, toucha à Fury-Beach et à Port-Neill. Mais les glaces leur interceptèrent souvent le passage, et il arriva même qu'un jour elles séparèrent complétement une embarcation montée par cinq hommes et le capitaine Kennedy, du *Prince-Albert*, entraîné par elles à trente milles de l'embarcation. Ce ne fut qu'après six semaines de labeurs et de tourments que Bellot put, avec quelques hommes d'équipage, parvenir jusqu'à ses infortunés compagnons.

A son tour, le *Prince-Albert* fut pris par les glaces et y resta enfermé pendant trois cent trente jours, près d'une année entière. Pendant le rude hivernage qu'il fallut subir, on tenta une excursion pour voir si Franklin ou quelque autre s'était rendu à la plage où la *Furie* s'était perdue en 1824 (1). D'autres voyages furent entrepris, tout aussi infructueux. Pourtant on était dans la bonne voie. En traversant les glaces des baies de Creswell et de Brentfort, on était arrivé au détroit qui porte le nom de *Bellot*. Mais là on s'arrêta. Si l'on avait poussé plus loin ; si, traversant ce détroit, on avait contourné la presqu'île Boothia, gagné la pointe Victory et visité la

(1) Voir *le Pôle nord*, de M. Henri Lebrun, pages 93 et suiv.

terre du Roi-Guillaume, le problème était résolu, la destinée de Franklin était mise au jour huit ans plus tôt, Bellot n'allait pas chercher une mort prématurée dans le canal Wellington.

Il n'en fut pas ainsi. Délivré des glaces qui l'emprisonnaient, le *Prince-Albert* sortit, le 6 août 1852, de la baie de Batty, toutefois après qu'on eut ouvert un canal en sciant les glaçons qui s'opposaient à sa marche. Le 7 octobre suivant, il mouillait au port d'Aberdeen, seize mois et seize jours après son départ.

« Notre tâche était remplie, dit Bellot; nous avions démontré que Franklin n'a pu passer au sud du cap Walker, puisque la terre s'étend là où l'on supposait jadis que la mer existait. L'expédition du *Prince-Albert* a donc contribué à rétrécir de plus en plus le cercle des directions probables prises par Franklin, et aujourd'hui il semble démontré qu'il a pris la route au nord du chenal Wellington. »

Fatale erreur! qui devait entraîner le jeune
et hardi navigateur vers des plages éloignées
du théâtre du sinistre de l'*Erebus* et de la
*Terror*, et où il devait trouver une mort assez
semblable, par le mystère qui l'enveloppe, à
celle de Franklin!

# CHAPITRE VI



Retour en France.

Bien qu'il ne rapportât que des. indications
fort douteuses sur la direction qu'avait suivie
Franklin, Bellot n'en fut pas moins accueilli
en Angleterre avec un véritable enthousiasme.
La Société géographique de Londres s'empressa de l'admettre dans son sein. La France
lui fit un accueil non moins sympathique.
Le gouvernement, qui suit d'un regard plein
de sollicitude ses enfants éloignés pour le
service de leur patrie, n'attendit pas son retour pour le récompenser. Le 5 février 1852,
au moment où Bellot était comme perdu dans
les glaces polaires, un décret l'élevait au grade
de lieutenant de vaisseau. A son retour, il fut

attaché au Dépôt des cartes et plans de la marine, « afin, disait la dépêche qui contenait sa nomination, de le mettre à même de compléter le travail dont il avait recueilli les documents pendant sa campagne dans les mers du Nord. » Dans les salons, dans les cercles, Bellot était l'objet d'une ardente curiosité. Il était partout fêté, encouragé, et l'on fondait sur son âge et sur ses états de service les plus grandes espérances.

Toutefois les distractions et les plaisirs que lui offrait naturellement la capitale de son pays, après deux ans d'absence dont il avait passé plus de la moitié dans les glaces du Nord, ne pouvaient le détourner de son projet favori. Il rêvait à la possibilité de retrouver ou Franklin lui-même ou les débris de ses équipages. Déjà il préparait les bases d'une nouvelle expédition à la recherche du grand capitaine. Cette fois il espérait que le gouvernement français se mettrait à la tête de l'expédition. Et puis Bellot, par une réserve que l'on comprendra, craignait qu'en se mettant de nouveau aux ordres de lady Franklin, il ne froissât l'orgueil britannique, si chatouilleux sur tout ce qui touche la marine. Mais, d'une part, le gouvernement français, que d'autres soins occupaient, ne se pressait point de répondre au désir de Bellot; d'un autre côté, lady Franklin elle-même insistait pour qu'il vînt lui-même se mettre à la tête de la nouvelle expédition qui se préparait.

C'est au milieu de ces circonstances qu'il écrivit, le 30 mars 1853, au ministre de la marine une lettre où il exposait les raisons qui le portaient à croire que Franklin pouvait se trouver vivant dans quelque coin de la région arctique. Il se trompait évidemment lorsqu'il supposait que l'illustre marin anglais avait franchi le détroit de Behring; mais cette noble erreur a été payée d'un trop grand sacrifice pour n'avoir pas été expiée aux yeux du savant. Voici le passage de cette lettre qui contient les nouvelles vues de Bellot sur la destitinée de Franklin et de son équipage :

« La question, en ce qui concerne Franklin et ses hommes, se réduit à savoir où ils peuvent se trouver en ce moment. Or, aujourd'hui, on n'est encore qu'au seuil des découvertes où il s'engageait, et il y a une étendue de terrain non exploré infiniment plus considérable que ce qui a été parcouru jusqu'à présent. Mes vues particulières, qui concordent, du reste, avec celles de lady Franklin, et s'étaient de l'opinion de plusieurs savants, sont que l'amiral a pénétré dans le bassin polaire, et que, dans des circonstances favorables qui ne se sont pas représentées depuis, il a peut-être atteint un point à l'ouest du détroit de Behring, et qu'il s'y trouve dans l'impossibilité de revenir, soit que ses navires aient fait naufrage, ou qu'ils soient retenus d'une façon irrémédiable par les glaces du Nord. L'expérience de ces mers repousse d'ailleurs l'idée d'une catastrophe qui aurait tout englouti, sans laisser au moins quelques vestiges (1). »

Bellot croyait donc à l'existence de l'infortuné Franklin. Il ajoutait que le voyage qu'il allait entreprendre pourrait être utilisé pour obtenir de précieux renseignements sur la géographie des mers polaires et sur l'existence du fameux passage nord-ouest. Il entrevoyait la possibilité de former des établissements coloniaux dans ces parages inconnus. Il rêvait, en un mot, une ère nouvelle pour le commerce et l'industrie de sa patrie. Ainsi Bellot aspirait à la gloire des Ross et des Parry, à celle des Cartier et des Champlain.

Onze jours après l'envoi de cette lettre,

---

(1) En ce dernier point, Bellot avait raison; mais ces vestiges, il fallait, encore une fois, les chercher non au nord ou à l'ouest, mais bien au sud du détroit du Prince-Régent, vers lequel Bellot, comme on l'a vu précédemment, avait jeté un regard perspicace.

Bellot écrivait de nouveau au ministère de la marine, pour solliciter l'autorisation d'embarquer à bord du *Phœnix*, commandé par le capitaine Inglefield. Presque aussitôt il partait pour Londres, et, le 10 mai 1853, il était à Wolwich, à bord du *Phœnix*.

# CHAPITRE VII

Le Phœnix. — Deuxième voyage.

Le voilà donc parti pour ce voyage dont il ne devait pas revenir ! Aussi n'est-ce pas sans un douloureux pressentiment que nous le voyons doubler ce cap Farewell, sur le nom duquel il semble se jouer en passant. « Nous sommes en vue du cap Farewell, écrit-il à la date du 14 juin, l'extrémité sud du Groënland, et je ne ferai pas à un linguiste l'injure d'expliquer que c'est le cap des *Adieux*. Je commence donc par vous faire mes *adieux*, pour me conformer à l'usage.......... »

Sa dernière lettre (à M. Émile de Bray, alors enseigne de vaisseau) est datée de la baie Erebus et Terror, noms de fatal augure !

Quelques jours après, le 12 août 1853, le *Phœnix* s'engageait dans le canal de Wellington, suivant la direction qu'avait tenue Franklin lui-même, en septembre 1845.

Un des principaux objets de la mission du *Phœnix* était de faire parvenir au capitaine sir Édouard Belcher, qui se trouvait alors près du cap Becher, au nord du canal, des dépêches assez importantes de l'amirauté. Par suite d'un de ces contre-temps trop communs dans ces parages, le *Phœnix* fut retenu par les glaces. Et pourtant il importait que les dépêches fussent remises à leur destination. C'est alors que Bellot, prêt à braver le danger dès qu'il s'agissait d'un devoir à remplir, se chargea de porter les lettres à sir Belcher. Il partit en compagnie du quartier-maître du *North-Star* et de trois matelots, emmenant avec lui un traîneau et un canot en caoutchouc (1).

(1) Le commandant Inglefield avait quitté le *Phœnix* l'avant-veille, pour aller à la recherche du capitaine Pullen, séparé depuis un mois de son navire le *North-Star*, arrêté

Il fallait, pour arriver au cap Becher, longer, du sud au nord, la côte orientale du canal Wellington. Après avoir traversé les caps Innis et Bowden, les cinq intrépides marins s'arrêtèrent sur des glaçons détachés à une lieue environ de ce dernier cap. Ces glaçons paraissaient immobiles. Bellot proposa de regagner la terre pour y camper. Il met

dans la baie Erebus et Terror. Son intention était, aussitôt après son retour, d'aviser aux moyens de faire parvenir à sir Édouard Belcher les dépêches de l'amirauté; la remise de ces dépêches était un des objets spéciaux et urgents de la mission du *Phœnix*. Or, le capitaine Pullen ayant reparu peu de temps après le départ de M. Inglefield, Bellot, qui connaissait l'importance de la prompte remise des dépêches, et était toujours prêt à courir au-devant de tous les dangers, crut devoir devancer le retour du commandant; il s'entendit avec le capitaine Pullen, qu'il laissa avec les deux navires, et partit le 12 août, comme nous l'avons dit, en compagnie du quartier-maître du *North-Star* et de trois matelots, emmenant avec lui un traîneau et un canot en caoutchouc.

Cette note, qui éclaircit un point essentiel dans le récit de la catastrophe qui emporta Bellot, est extraite de l'intéressante notice que M. Julien Lemer a consacrée à Bellot, et qui se trouve imprimée en tête du journal de ce dernier.

son canot à flot, et par deux fois essaie, mais en vain, d'y parvenir. Plus heureux que lui, deux de ses compagnons, MM. Harvey et Madden, réussissent à toucher le rivage. L'un d'eux a eu soin de se munir d'une corde qui doit servir à établir entre le traîneau et la côte un mouvement de va-et-vient qui permette de transporter divers objets. Trois voyages sont ainsi effectués. Un quatrième allait être entrepris, lorsque M. Madden, qui était dans l'eau jusqu'à la ceinture, s'aperçoit que la glace sur laquelle étaient restés Bellot et ses deux compagnons se met en mouvement, dérivant vers le haut. Bellot, déjà loin de la côte, crie de lâcher la corde. Une tentative peut être faite encore, tout espoir n'est pas perdu ; mais l'éloignement de la glace est si rapide, qu'avant qu'on ait pris aucune mesure elle est déjà séparée de la côte par une énorme distance : « Je gagnai alors un tertre élevé, pour les suivre de l'œil, écrit M. Madden dans son rapport, et je les vis entraînés vers le haut du canal, loin de la terre. Je veillai en ce lieu pendant six heures. Quand je cessai de les voir, les hommes étaient debout près du traîneau, M. Bellot sur le haut du glaçon. Ils paraissaient être sur une glace bien solide. En ce moment le vent soufflait avec force du sud-est, et il neigeait. »

Cependant un vent furieux chassait toujours au nord le glaçon qui emportait Bellot et ses deux infortunés compagnons : William Johnson et David Hook. Le premier raconte de la manière suivante les circonstances qui ont précédé la fin de Bellot :

« M. Bellot s'assit une demi-heure et s'entretint avec nous sur le danger de notre position. Je lui dis que je n'avais pas peur, et que l'expédition américaine était poussée çà et là dans le canal par la glace. Il répliqua : « Je le sais, et avec la protection de Dieu pas un cheveu ne tombera de notre tête. » Je demandai alors à M. Bellot quelle heure il était. Il répondit : « Environ six heures un quart. »

C'était le matin du jeudi 18 août 1853. — Et alors il attacha ses livres, et dit qu'il voulait aller voir comment la glace flottait. Il était parti depuis quatre minutes au plus, quand j'allai, pour le chercher, faire le tour du même glaçon sous lequel nous étions abrités; mais je ne pus le voir, et, en retournant à notre retraite, j'aperçus son bâton du côté opposé à une crevasse d'environ cinq mètres de large, où la glace avait été coupée; j'appelai alors M. Bellot, mais sans réponse. A cet instant le vent soufflait très-fort. Je cherchai encore autour du glaçon, mais je ne pus découvrir aucune trace de M. Bellot. Je crois que quand il sortit de la cachette le vent l'emporta dans la crevasse, et, son paletot étant boutonné, il ne put nager pour revenir à la surface. »

A cette déposition si pleine d'intérêt, même à travers une traduction décolorée, il convient de joindre un fragment d'une dépêche de M. Inglefield, le capitaine du *Phœnix*, à la date du 20 août. « J'ai reçu, par une lettre officielle du capitaine Pullen, la triste nouvelle de la mort de M. Bellot. Il avait été envoyé par cet officier porter des dépêches à sir Edward Belcher. Ce malheureux événement a eu lieu dans la matinée de l'ouragan. M. Bellot était engagé avec deux hommes sur des glaces flottantes, et il a été jeté par un violent coup de vent dans une profonde crevasse de glaces où il s'est noyé.

« Les deux hommes qui l'accompagnaient ont été sauvés par un miracle ; et, après avoir passé trente heures sans manger, ils sont parvenus à rejoindre leurs compagnons, qui leur ont donné des provisions, et alors ils sont revenus au vaisseau, rapportant les dépêches ; mais trois d'entre eux resteront incapables de servir. »

La fin si triste de Bellot nous rappelle une circonstance de son premier voyage à bord du *Prince-Albert*. Nos lecteurs ne verront-ils pas, comme nous, dans ce qui suit, comme un pronostic funèbre de sa destinée ? « 24 novembre 1851. — Je suis allé me promener dans la première ravine au nord : elle est pleine de neige et a plusieurs centaines de pieds de profondeur dans certains endroits ; c'est un des réservoirs des cataractes inépuisables du printemps. Vers le milieu, je trouvai un trou dans lequel je m'aventurai après avoir laissé mes gants à l'entrée, afin qu'en cas d'accident on sût où j'étais. Creusée sans doute par la filtration des eaux au travers de ces terrains calcaires, cette allée souterraine communique avec quelque autre ravine ; car, bien qu'à la surface il fît parfaitement calme, je recevais les bouffées d'un vent froid qui surgissait dans cette espèce de couloir, et l'obscurité me força à remonter. Ma promenade se trouva bornée à un mille par un roc perpendiculaire, dont je ne pus même approcher. Au pied était un vaste entonnoir formé par la chute des neiges fondues ; les abords mêmes devaient être dangereux et glissants ; car ma fidèle chienne *Huske*, qui m'y avait précédé, se mit à hurler d'une façon si lamentable quand elle me vit prendre cette direction, que j'eus peur d'aller plus loin. »

Au milieu de la tempête du 18 août qui emporta Bellot, au milieu des bruits lugubres dout l'horreur s'ajoutait aux tristes pressentiments de ses compagnons, ne distinguez-vous pas les cris lamentables de cette pauvre chienne, qui avaient été pour son maître, dans une circonstance antérieure, un présage funèbre et comme un secret avertissement?

Ainsi périt cet Empédocle des glaces. Il n'avait pas vingt-huit ans! Ainsi périrent jeunesse, esprit, courage, plans dorés, rêves d'espérance!.... Rochefort, qui doit un piédestal à ce jeune héros, le surmontera d'une colonne brisée, et y fera graver cette inscription qui peint, d'un mot, l'admirable modestie du jeune et brave officier du *Phœnix : Qu'importe le nom du vainqueur, pourvu qu'il y ait une victoire!*

# CHAPITRE VIII



L'Angleterre reçut coup sur coup deux terribles nouvelles : la mort de Bellot, et le rapport de John Raë, qui avait fini (juillet 1854) par recueillir de la bouche des Esquimaux des renseignements d'une précision sinistre sur le dénoûment de l'expédition Franklin. Ces renseignements étaient corroborés par la découverte, entre les mains des sauvages, de divers objets qui avaient appartenu aux équipages de l'*Erebus* et de la *Terror*. Voici les passages les plus saillants du rapport de Raë (1) :

(1) Ce rapport se trouve reproduit en partie dans un remarquable article que le *Magasin pittoresque* a consacré à sir John Franklin (année 1855).

« Au printemps, il y quatre hivers (prin-temps de 1850), un détachement d'hommes blancs, s'élevant à environ quarante hommes, a été vu voyageant au sud sur la glace et traî-nant un bateau, par quelques Esquimaux à la recherche des veaux marins près de la rive nord de King-William's-Land. Ils ont fait comprendre par signes aux Esquimaux que leur vaisseau ou leurs vaisseaux avaient été abîmés par la glace, et qu'ils cherchaient des daims et du gibier. Plus tard, mais avant la débàcle des glaces, les corps de trente indivi-dus furent découverts sur le continent, et cinq dans une île voisine, à une longue journée au nord-ouest d'une large rivière qui n'est autre sans doute que Backs'-Great-Fishriver (nom-mée par les Esquimaux Oot-ko-hi-ca-lick).

« Quelques corps avaient été enterrés, quel-ques-uns étaient sous une tente ou des tentes ; d'autres étaient sous le bateau, qui avait été renversé pour former un abri ; plusieurs étaient épars dans diverses directions. Parmi ceux trouvés dans l'île, il y en avait un que l'on suppose avoir été un officier. Il avait son télescope suspendu à l'épaule, et son fusil à deux coups était couché auprès de lui.

« Dans l'état de mutilation de la plupart des corps et ce qui se trouvait dans les chaudières, il est évident que nos malheureux compatriotes avaient été réduits à la dernière extrémité, le cannibalisme, pour prolonger leur existence.

« Il paraissait y avoir eu une grande abondance de munitions; la poudre avait été vidée en tas sur le sol par les indigènes, et, au-dessous du niveau de l'eau, on a trouvé beaucoup de balles de fusil, et du plomb, qui étaient restés probablement sur la glace. Il devait y avoir aussi beaucoup de malles, compas, télescopes, fusils à deux coups. Tous semblent avoir été brisés; j'ai vu des fragments de ces divers articles entre les mains des Esquimaux, avec des fourchettes et des cuillers d'argent.

« Parmi les quarante hommes dont se composait le détachement de blancs, il y avait un officier grand, vigoureux, et d'un âge moyen. Tous les hommes, à l'exception de l'officier, étaient amaigris. Ils tiraient leurs traîneaux avec des cordes. Quelques-uns de ces malheureux doivent avoir survécu jusqu'à l'arrivée des oies sauvages (c'est-à-dire jusqu'à la fin de mai), car l'on a entendu des coups de fusil, et l'on a trouvé des os frais et des plumes d'oie près du lieu qui fut le théâtre de ces tristes événements.

« J'ai acheté, entre autres articles, une décoration du Mérite sous la forme d'une étoile, et une petite pièce d'argenterie portant gravés ces mots : *Sir John Franklin*.

« D'après ce que j'ai appris, il n'y a pas lieu de suspecter qu'une violence ait été faite par les indigènes à ces malheureux.

« Voici la liste des articles achetés aux Esquimaux, et que l'on dit avoir été trouvés à l'endroit où étaient les corps des individus morts de faim :

« Une fourchette en argent portant une tête d'animal avec des ailes étendues; trois fourchettes en argent avec les initiales F. R. N. C. (capitaine Crozier de la *Terror*), et portant un oiseau avec les ailes étendues; une cuiller et une fourchette d'argent portant un oiseau avec un rameau de laurier au bas, devise : *Spero meliora;* une cuiller à thé, une fourchette de dessert, une tête de poisson redressée, avec des branches de laurier de chaque côté; une fourchette d'argent avec les initiales H. D. S. G. (Harry D. S. Goodsir, aide-chirurgien de l'*Erebus*); une fourchette d'argent avec les initiales A. M. D. (Alexandre M'Donald, aide-chirurgien, *Terror*); une fourchette d'argent avec les initiales J. T.; une cuiller d'argent de dessert avec les initiales J. S. P. (John S. Peddie, chirurgien de l'*Erebus*); une pièce d'argenterie ronde avec ces mots gravés : *Sir John Franklin*, K. C. B.; une étoile en décoration avec ces mots : *Nec aspera terrent.* G. R. III. MDCCCXV.

Le rapport de l'expédition Raë renfermait bien des choses obscures, inexplicables. Par exemple, on trouvait fort étrange qu'une expédition de cent trente-huit hommes (1) bien pourvus eût péri tout entière de faim à cinquante milles allemands de l'anse Fury, où l'équipage de Kennedy retrouvait en 1853 d'abondantes provisions laissées en cet endroit par Ross vingt ans auparavant (2).

On ne s'expliquait pas que les hommes de Franklin, à supposer qu'ils se fussent perdus sur la terre du Roi-Guillaume, n'eussent pas songé à gagner au nord le détroit de Lancastre, toujours fréquenté par les baleiniers, au lieu de s'aventurer au sud. Pourquoi, d'un autre côté, dans le North-Somerset, qu'ils

(1) Les ouvrages que nous avons consultés varient sur ce chiffre. On a vu plus haut (page 15) que les équipages de l'*Erebus* et de la *Terror* comptaient 168 hommes. Plus bas il ne s'agit plus, dans le rapport de Mac-Clintok, que de 130 hommes.

(2) Voir, dans *le Pôle nord* de M. Henri Lebrun, le deuxième voyage de James Ross, pages 123 et suiv.

devaient avoir visité, ne trouvait-on aucun indice de leur passage?

Quoi qu'il en soit de toutes ces incertitudes, les recherches postérieures à celle de Raë devaient se circonscrire à la terre du Roi-Guillaume et à celle de Victoria, où Raë avait trouvé, en août 1851, les restes presque méconnaissables d'un pavillon de la marine anglaise.

En 1855, la compagnie de la baie d'Hudson, d'accord avec les lords commissaires de l'amirauté, fit diriger deux expéditions, l'une le long de la Mackensie, l'autre vers Back-Fish-River. Cette dernière devait être définitive si, arrivée à l'embouchure de cette rivière, elle eût continué de côtoyer le continent jusqu'au détroit de Simpson, et là, si elle eût exploré les deux rives du détroit, surtout celle de l'île du Roi-Guillaume.

Malheureusement il n'en fut pas ainsi. Aucune lumière ne surgit de ces deux expéditions. Le problème restait offert à la saga-

cité des marins. Toutefois on doit dire que
l'entreprise de Raë avait simplifié la question en restreignant le champ des explorations futures.

# CHAPITRE IX



Mac-Clintock.


Le *Fox* partit d'Aberdeen le 1<sup>er</sup> juillet 1857, et parvint le 6 août suivant à Uppernavick, qui est le chef-lieu des établissements danois sur la côte du Groënland. Mac-Clintock s'y procura des chiens de trait et des guides esquimaux, parce qu'il supposait avec raison qu'il aurait à parcourir d'immenses espaces en traîneau. Le 18 août, il se trouvait en pleine mer de Baffin, à moitié chemin de la baie Melvill au détroit de Lancastre, quand le *Fox* fut arrêté tout à coup par les glaces flottantes, qui lui firent une barrière invincible pour remonter vers le nord et l'entraînèrent à la dérive vers le sud, l'espace de douze degrés ou trois cents lieues. Ce ne fut que le 25 avril 1858, c'est-à-dire huit mois après son entrée dans les mers polaires, que le *Fox* put retrouver sa liberté, grâce à une violente tempête par laquelle fut brisée la barrière de glaces qui le retenait prisonnier. Ainsi le *Fox* avait passé un hiver à peu près immobile dans le détroit de Davis. Il fallut longer de nouveau la côte groënlandaise. Le 27 juillet, il arriva à l'entrée de la baie de Pond. On n'y trouva qu'une vieille femme et un jeune garçon qui conduisirent Mac-Clintock au village esquimau portant le nom peu euphonique de Kapawroklulik. Il n'obtint des rares habitants qui s'y trouvaient que des renseignements assez vagues sur l'expédition de Franklin et sur celle que Parry exécuta de 1822 à 1823 (1). Le 6 août le *Fox* quitta Pond's-Inlet et arriva, le 11, à l'île Beechey, au fond du

(1) Voir *le Pôle nord*, par M. Henri Lebrun, pages 79 et suiv.

détroit de Barrow. Là Mac-Clintock déposa à terre, tout près de la stèle funéraire qui y avait été élevée à la mémoire de Bellot par les soins de sir John Barow, la belle table de marbre donnée par Lady Franklin pour éterniser la mémoire de Franklin et de ses compagnons. Elle portait l'inscription suivante :

A LA MÉMOIRE DE

FRANKLIN

CROZIER, FITZJAMES

ET DE TOUS LEURS VAILLANTS FRÈRES,

OFFICIERS ET FIDÈLES COMPAGNONS, QUI ONT SOUFFERT ET PÉRI

POUR LA CAUSE DE LA SCIENCE ET POUR LA GLOIRE DE LEUR PATRIE.

CETTE PIERRE

EST ÉRIGÉE PRÈS DU LIEU OU ILS ONT PASSÉ

LEUR PREMIER HIVER ARCTIQUE

ET D'OU ILS SONT PARTIS POUR TRIOMPHER DES OBSTACLES

OU POUR MOURIR.

ELLE CONSACRE LE SOUVENIR DE LEURS COMPATRIOTES ET AMIS

QUI LES ADMIRENT,

ET DE L'ANGOISSE, MAÎTRISÉE PAR LA FOI,

DE CELLE QUI A PERDU DANS LE CHEF DE L'EXPÉDITION

LE PLUS DÉVOUÉ ET LE PLUS AFFECTIONNÉ DES ÉPOUX.

—

C'EST AINSI QU'IL LES CONDUISIT

AU PORT SUPRÊME OU TOUS REPOSENT.

1855.

Après avoir rendu ce pieux devoir à de glorieux devanciers, le *Fox* s'engagea dans le canal du Prince-Régent, qu'il trouva débarrassé de glaces, visita le port Léopold et arriva au détroit de Bellot. L'hiver le surprit, et le *Fox* ne put aller plus loin. Mais Mac-Clintock n'en fit pas moins ses préparatifs de recherches. Se réservant l'île Matty et celle du Roi-Guillaume, dont il devait scrupuleusement interroger les côtes, il confia au lieutenant Hobson les côtes de Boothia jusqu'au pôle magnétique, et au capitaine Allen Young les bords de la terre du Prince-de-Galles ainsi que la côte du North-Somerset. Les recherches commencèrent le 17 février 1859. Mac-Clintock partit accompagné de l'interprète et du quartier-maître de l'expédition. Près du cap Victoria, voisin du pôle magnétique (côte occidentale de Boothia), il eut le bonheur d'entrer en relation avec une cinquantaine d'indigènes qui lui apprirent que, plusieurs années auparavant, un navire

avait été pris par les glaces, au nord de l'île
du Roi-Guillaume, mais que tout l'équipage,
parvenu à descendre à terre sans danger,
s'était dirigé vers la rivière du Grand-Poisson,
où il avait péri jusqu'au dernier homme. On
sait que cette rivière, appelée encore rivière
de Backs, chemine péniblement du sud au
nord à travers les steppes glacés et les lacs
nombreux de l'Amérique du Nord, et qu'elle
débouche dans les mers polaires, en face de
la petite île Montréal, non loin de la grande
île du Roi-Guillaume.

Après vingt-cinq jours d'absence, Mac-
Clintock et ses compagnons revinrent au navire, où ne tardèrent pas à les rejoindre Allen
Young et Hobson, qui n'avaient pas été aussi
heureux que le capitaine. Le 2 avril, les recherches définitives commencèrent. L'île du
Roi-Guillaume devait être, cette fois, l'objet
de la plus minutieuse perquisition. Le cap
Victoria, où l'on se rendit, fut le point de départ d'une double expédition qui manœuvre-

rait en sens inverse. Le lieutenant Hobson devait visiter avec soin le nord et l'ouest de l'île.
Mac-Clintock se chargeait d'explorer la côte
orientale et la côte méridionale. Il arriva près
du cap Norton, à un village de neige peuplé
de trente Esquimaux qui ne manifestèrent
aucune crainte à l'approche des Européens.
Ils leur offrirent même quelques objets, tristes
épaves du naufrage de l'*Erebus* et de la *Terror*.
Ils ajoutèrent ce précieux renseignement :
qu'à un jour de marche et quatre autres
jours par terre, on arriverait au lieu du
naufrage. Une vieille femme qui paraissait
très-intelligente fournit d'autres détails. Elle
assura qu'un bâtiment avait été jeté à la côte,
et que plusieurs des hommes blancs avaient
succombé sur la route de la Grande-Rivière.
Ce ne fut que pendant l'hiver suivant que
leurs cadavres, découverts par les Esquimaux,
instruisirent ceux-ci de la destinée des *ka-*
*blounas* (les blancs).

On tenait enfin le fil qui devait conduire au

lieu du sinistre. Mac-Clintock, s'avançant vers l'embouchure de la Grande-Rivière, visita l'île Montréal, doubla la pointe Ogle, s'enfonça dans l'entrée de Barrow, et, ne trouvant rien de bien concluant, repassa sur l'île du Roi-Guillaume. Alors s'aventurant dans le détroit de Simpson, longeant la côte sud de l'île, il parvint à dix milles environ du cap Herschell. Là il trouva un squelette blanchi autour duquel étaient quelques fragments de vêtements européens.

« Après avoir avec soin écarté la neige, dit Mac-Clintock, nous trouvâmes aussi un petit portefeuille contenant quelques lettres qui, bien que détériorées, peuvent encore néanmoins se déchiffrer. Nous avons jugé, par les restes de ses vêtements, que cet infortuné jeune homme était un garçon d'hôtel ou un domestique d'officier, et sa position confirmait exactement le dire des Esquimaux, que les *kablounas* avaient succombé, l'un après l'autre sur le chemin qu'ils avaient pris. »

Revenons au lieutenant Hobson. Nous l'avons laissé au cap Victoria. De là il franchit l'espace qui le séparait du cap Félix, le point le plus nord de l'île du Roi-Guillaume. Tout près de ce cap il trouva un *cairn* (1) de pierres et une petite tente avec des couvertures, des habits et d'autres effets. En fouillant le cairn, on découvrit un morceau de papier blanc et deux bouteilles cassées. On eut beau creuser dans le cairn, autour du cairn, on ne trouva rien de plus que ces indices douteux. Plus loin au sud, deux autres cairns, interrogés avec la plus scrupuleuse attention, ne révélèrent que la présence d'une pioche cassée et d'une boîte à thé encore pleine. Cependant, en s'avançant plus au sud encore vers la pointe Victory, on allait toucher le but mystérieux de tant d'efforts, on allait tenir le mot de l'énigme ; on allait enfin éclaircir le problème dont un navigateur, sir James Ross, avait placé la solution

(1) Petite cachette élevée au-dessus de terre de quelques centimètres, où les voyageurs déposent des provisions.

dans ces parages. Son oncle, le célèbre sir John Ross, allant à la recherche du fameux passage nord-ouest, avait atteint la pointe Victory le 29 mai 1829 (1). « Prêt à m'en éloigner, dit-il, j'élevai sur ce promontoire un amas de pierres de six pieds de hauteur, dans l'intérieur duquel je déposai une courte relation de ce que nous avions fait depuis notre départ d'Angleterre. Telle est la coutume, et je m'y conformai, bien qu'il n'y eût pas la moindre apparence que notre petite histoire tombât jamais sous les yeux d'un Européen... Si cependant une mission de découvertes en conduit un en cet endroit, et qu'il y trouve la preuve de la visite que nous y avons faite, je sais quel prix le voyageur errant dans ces solitudes attache au moindre vestige qui lui rappelle sa patrie et ses amis, et je pourrais presque lui envier ce bonheur imaginaire. »

Dix-neuf ans plus tard, sir James Ross,

(1) Voir *le Pôle nord,* par M. Henri Lebrun, pages 144 et suiv.

envoyé à la recherche de Franklin, s'efforçait en vain de parvenir jusqu'à cette même pointe Victory, et dix ans encore s'écoulèrent (6 mai 1859) avant que le lieutenant Hobson vînt y dresser sa tente, en face du cairn élevé par le premier Ross.

Le lieutenant Hobson s'empressa de faire fouiller ce monument, et parmi les pierres du sommet il trouva une boîte de fer-blanc contenant un court rapport, le rapport même de l'expédition perdue.

Voici la copie et la traduction de ce document, qui, malgré les chiffres, a toute l'éloquence d'un drame.

« Mai 1847.

« Les bâtiments de Sa Majesté, *Erebus* et *Terror*, hivernent dans les glaces par 70° 5' de latitude et 98° 23' de longitude ouest, ayant passé l'hiver de 1846-47 à l'île de Beechey, par 74° 43' de latitude nord et 91° 39' de longitude ouest, après avoir remonté le canal Wellington jusqu'à 77° de latitude et être revenus par le côté occidental de l'île Corn-wallis. — Sir John Franklin, commandant de l'expédition. — Tout va bien. » Le même rapport contenait l'avis suivant traduit en cinq langues différentes : française, espagnole, hollandaise, danoise et allemande : « Qui que ce soit qui trouve ce document est prié de le faire parvenir au secrétaire de l'amirauté, à Londres, en indiquant l'époque et le lieu où il aura été trouvé, ou, si on le juge plus convenable, on le déposera aux mains du consul anglais du port le plus rapproché. »

On lisait encore la note suivante qui fait pressentir une horrible catastrophe. « Nous avons abandonné les navires le lundi 24 mai 1847, le reste de l'équipage consistant en deux officiers et six matelots. — G. M. Gore, lieutenant ; Charles-F. des Vœux, maître d'é-quipage. »

Enfin autour des marges (1) on remarquait

(1) On peut voir le fac-simile de ces divers documents

plusieurs notes ajoutées onze mois plus tard (25 avril 1848). Les navires avaient été abandonnés trois jours auparavant. Sir John Franklin était mort le 11 juin 1847 !

Neuf officiers et quinze hommes l'avaient précédé ou suivi !...

Ici nous laissons parler le rapport du capitaine Mac-Clintock :

« Les survivants de l'expédition, au nombre de cent cinq (1), avaient abordé sur ce point (la pointe Victory), sous le commandement du capitaine Crozier, et reconstruit sur l'emplacement du cairn de James Ross, détruit probablement par les Esquimaux, le cairn existant aujourd'hui. Leur intention était de partir le lendemain au matin pour la Grande-Rivière de Back, et ce rapport était signé par Crozier, comme capitaine de la *Terror* et principal officier de l'expédition, et par Fitzjames, capi-

dans la seconde livraison du *Tour du Monde*, publié par M. Ed. Charton.

(1) Voyez sur ce chiffre les notes page 15.

taine de l'*Erebus*. Il semble que les trois jours de marche écoulés entre l'abandon des navires et la date de cet écrit, avaient déjà épuisé les forces de ces malheureux, et il paraît qu'en se mettant en marche vers le sud, ils abandonnèrent en cet endroit une grande quantité d'habits, d'effets et de provisions de toutes sortes, comme s'ils avaient eu l'intention de se débarrasser de tous les objets qui pouvaient ne leur être d'aucune utilité. Après dix ans écoulés, des pioches, des pelles, des ustensiles de cuisine, des cordages, du bois, de la toile, et même un sextant portant le nom gravé de Frédéric Hornby, R. N., étaient encore épars sur le sol ou incrustés dans la glace.

« Le lieutenant Hobson continua ses recherches jusqu'à quelques jours de marche du cap Herschell, sans trouver aucune trace des naufragés ou des indigènes. Il laissa pour moi un rapport détaillé de ce qu'il avait découvert, de manière que, revenant par l'ouest de l'île de King-William, j'eus l'avantage d'être mis au courant de tout ce que l'on avait trouvé.

« Bientôt après avoir laissé le cap Herschell, les traces des indigènes devinrent moins nombreuses et moins récentes, et, plus à l'ouest, elles cessèrent complétement. Cette partie de la terre du Roi-Guillaume est extrêmement basse et dénuée de toute espèce de végétation. De nombreuses petites îles s'étendent en avant, et, au delà, le détroit de Victoria est couvert d'énormes et impénétrables monceaux de glace.

« Parvenus au 69° de latitude nord et au 99° de longitude, nous nous dirigeâmes vers un grand bateau que le lieutenant Hobson avait découvert quelques jours auparavant, ainsi qu'il m'en avait informé. Il paraît que ce bateau, destiné, dans le principe, par nos infortunés compatriotes à remonter la rivière du Grand-Poisson, avait dû être abandonné ensuite. Il mesurait vingt-huit pieds de long sur sept et demi de large. Sa construction était très-légère ; mais le traîneau sur lequel il était placé était fait de chêne brut solide , et pesait autant que le bateau lui-même.

« Une grande quantité d'effets fut trouvée en cet endroit ; un squelette même était à l'arrière du bateau, desséché et tapi sous un monceau de vêtements ; un autre, plus endommagé, probablement par les animaux, gisait non loin de l'embarcation. Cinq montres de poche, une quantité considérable de cuillers et de fourchettes en argent et plusieurs livres de religion furent recueillis en cet endroit ; mais nous n'y pûmes découvrir ni journaux de bord, ni portefeuilles, ni aucun effet portant le nom de son propriétaire.

« Deux fusils à deux coups, chargés et amorcés, étaient appuyés sur les côtés du bateau, probablement à la place même où les deux marins dont nous voyions les déplorables restes les avaient déposés onze ans auparavant. Il y avait aussi tout autour des munitions en abondance, trente à quarante livres de chocolat, du thé et du tabac.

« Beaucoup de reliques intéressantes ont été recueillies par le lieutenant Hobson, et quelques-unes par moi-même. Le 5 juin, j'arrivai à Pointe-Victory sans avoir découvert rien de plus. Nous fouillâmes de nouveau avec le plus grand soin les habits et les carnets, dans l'espoir d'obtenir d'autres renseignements, mais cela sans aucun succès.

« Il ne m'arriva rien autre chose de remarquable jusqu'à mon retour au vaisseau, que j'atteignis le 19 juin, cinq jours après le lieutenant Hobson. Nous nous sommes assuré que les côtes de la terre du Roi-Guillaume, entre ses deux extrémités nord et sud et les caps Félix et Crozier, n'ont pas été visitées par les Esquimaux depuis l'abandon de l'*Erebus* et de la *Terror*, puisque les cabanes et les articles laissés n'ont pas été touchés.

« Si d'autres vestiges de ce grand naufrage sont encore visibles, il est probable qu'ils doivent se trouver auprès des petites îles situées entre les caps Crozier et Herschell (1). »

(1) Pour l'intelligence de tout ce qui précède, nous prions le lecteur de s'aider d'une carte de l'Amérique du Nord assez détaillée pour y suivre la route des explorateurs dans ces régions arctiques. Les nouvelles cartes ont l'avantage de présenter les résultats de leurs découvertes. On y verra, entre autres lieux tristement célèbres, la terre du roi Guillaume et le canal de Wellington, le double théâtre des deux sinistres expéditions de Franklin et de Bellot.

# CHAPITRE X.



Le passage nord-ouest. — Conclusion.

Nous n'avons pas voulu interrompre le récit des diverses expéditions envoyées à la recherche de Franklin, pour raconter celle de Mac-Clure en 1850, laquelle amena la découverte du fameux passage nord-ouest, objet de tant d'efforts et de sacrifices.

Dans cette année 1850, le capitaine Mac-Clure, commandant l'*Investigator*, pénétrait, par le détroit de Behring, dans les mers polaires, et c'est le 29 juillet qu'il franchit ce détroit. Le 6 août suivant, longeant la côte nord du continent américain, de l'ouest à l'est, il doubla la pointe Barrow, la dernière saillie au nord-ouest de ce continent. Le but était de gagner l'île Melvill, à trois degrés plus au nord, et que Parry, venant par l'est, avait visitée en 1820 (1). Le 15 août, par 70° de latitude, l'*Investigator* assista à un spectacle assez rare dans ces parages ; c'était un véritable orage qui faisait entendre ses roulements comme si l'on se fût trouvé dans les régions tropicales.

Le 21 août, on atteignit l'embouchure du Mackensie, qui marque à peu près les limites de l'Amérique russe et de la Nouvelle-Bretagne ; le 31 août, on toucha au cap Bathurst, où les Esquimaux de la côte firent un accueil cordial aux marins de l'*Investigator*.

Le 6 septembre, on arriva au cap Parry. De là Mac-Clure aperçut au nord-est une vaste terre qu'il ignorait être la terre de Banks, et où il débarqua le lendemain, en en prenant solennellement possession au nom de la couronne d'Angleterre. Il lui donna le nom de

(1) Voir *le Pôle nord*, par M. Henri Lebrun, pages 64 et 119.

*Terre de Baring,* et le cap près duquel il avait débarqué reçut celui de *Pointe-de-Nelson.*

Naviguant toujours à l'est entre cette terre, à gauche, et une autre à droite, que Mac-Clure désigna sous le nom de *Terre - du - Prince-Albert,* ce capitaine arrivait insensiblement au détroit de Melvill, au point extrême des tentatives faites de l'est à l'ouest pour trouver le fameux passage. Quand il vit qu'il n'y avait pas à en douter; qu'en regard du détroit de Barrow il donnait, pour ainsi dire, la main d'une part à l'océan Atlantique, de l'autre à l'océan Pacifique, il ne put retenir un cri d'admiration. « Est-il possible, écrivait-il dans son journal, qu'une chétive créature comme moi ait été choisie pour accomplir une découverte tant de fois essayée vainement par des navigateurs d'une haute réputation ! Gloire à Dieu, qui nous a permis d'accomplir sains et saufs cette tâche. Devant lui la sagesse de ce monde n'est que de la folie.... ! »

Au mois de septembre, l'*Investigator* fut

bloqué par les glaces et ne put être dégagé. Pendant trois hivers, son équipage vécut en grande partie de chasse. Il ne fut délivré qu'en 1853 par les capitaines Hellet et Inglefield, qui venaient de l'est avec les navires *Herald* et *Phœnix.*

« Il fut constaté que les deux océans communiquent par une série de canaux situés presque en ligne droite et que l'on appelle Banks, Melvill, Barrow, Lancastre ; mais, en même temps, on dut reconnaître que les glaces obstruent tantôt l'un, tantôt l'autre de ces passages, et entourent de barrières infranchissables les bâtiments qui s'y aventurent. Le chemin que Franklin voulait suivre est-il plus praticable ? Il s'agit, nous l'avons vu, de pénétrer dans le détroit de Lancastre, de descendre le long de North-Somerset, d'arriver ensuite à l'île du Roi-Guillaume et d'enfiler, le long de la côte américaine, la série des détroits Simpson, Dease, Dauphin, qui mènent au canal de Behring, puis à l'océan Pacifique.

« L'expérience de l'*Erebus* et de la *Terror*, et du *Fox* lui-même, ne semble pas indiquer que ce long et tortueux chemin soit préférable à celui dans lequel Mac-Clure est resté engagé pendant trois ans. Il faut donc laisser dans leur solitude ces régions hostiles à l'homme ; l'industrie et le commerce n'en peuvent rien attendre, et sans doute seuls dans l'avenir, comme dans le passé, quelques baleiniers en iront affronter la lisière.

« Est-ce à dire pour cela que les marins intrépides que nous avons suivis dans ces mers aient exposé leur vie pour une œuvre stérile et subi sans utilité tant de fatigues ? Non sans doute : c'est grâce à eux que nous avons satisfait, vers le pôle arctique, ce besoin de pénétrer l'inconnu, qui est une des généreuses préoccupations de nos sociétés. Tandis que nous demeurions dans le bruit des villes, ils s'en allaient, à notre profit, au milieu de périls sans cesse renouvelés, donner le spectacle de l'abnégation, du courage, de la persévérance, des vertus qui élèvent l'homme et qui l'ennoblissent, et, dans ces luttes contre la nature dont leur vie était l'enjeu, ils ont eu, vainqueurs et vaincus, la récompense qu'ils ambitionnaient. S'ils ont semé de leurs dépouilles mortelles ces régions lointaines, leur âme plane sur ce monde qu'ils nous ont fait connaître (1). »

(1) Alfred Jacobs, *Revue des Deux Mondes*, 15 juin 1860.

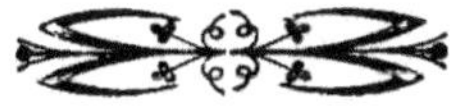

# DEUXIÈME PARTIE

---

# SCÈNES ET TABLEAUX

## DES MERS POLAIRES

---

## CHAPITRE I

### Les *ice-bergs*.

Après avoir exposé dans leur suite les expéditions les plus remarquables, soit à la recherche de Franklin, soit à la découverte du
passage nord-ouest, nous voulons offrir à nos

jeunes lecteurs quelques tableaux de la nature polaire, tirés du journal si curieux de Bellot. Notre but est de montrer la nature toujours surprenante dans ses merveilles, la Providence toujours adorable dans ses desseins, Dieu toujours admirable dans ses œuvres.

On verra plus bas que le spectacle de ce monde polaire, qui semble si déshérité de la nature et des hommes, provoque pourtant plus d'une fois, dans le cœur de Bellot, le sentiment de l'admiration la plus vive devant les aspects imprévus ou grandioses de ces régions désolées, et de la plus profon de reconnaissance pour l'Auteur de tant de merveilles.

Nous commencerons cette galerie de tableaux par la description des *ice-bergs* ou montagnes de glace.

Le premier ice-berg que Bellot rencontra excita en lui une forte surprise. Il ne vit d'abord qu'une petite masse blanche semblable

à un léger glaçon ; c'est que le navire en était
encore éloigné de plus de dix milles. Deux
heures après, il fut effrayé des proportions
gigantesques de cette masse imposante, débris
d'une montagne plus grande encore, rocher
flottant de quinze mètres de haut sur cinquante
de large environ. La zone de flottaison, conti-
nuellement léchée par les lames, était polie et
présentait une forme arrondie et lisse, ce qui
faisait ressembler l'ice-berg à ces vastes bas-
sins où retombent les cascades de la place de
la Concorde. Tantôt le géant du pôle se présentait sous la forme d'une immense conque dont
la moitié seulement serait au-dessus de l'eau.
La bouche formait une vaste caverne sur les
parois de laquelle la lumière venait se refléter
inégalement. Au fond, des piliers soutenaient
la voûte. Il affectait les formes les plus variées :
c'était une table régulière, ou un pain de
sucre, ou bien encore une île véritable avec
ses anses, ses baies, ses promontoires. Tantôt
c'était une immense tente, de laquelle on s'at-

tendait à voir sortir un géant pour vous souhaiter la bienvenue ; tantôt c'était l'entrée d'un souterrain ouvert avec de vastes galeries, ou enfin quelque caverne profonde précédée des travaux de l'art le plus magnifique. Près de la terre, au lieu de leur formation, les ice-bergs se présentaient sous la forme de racines aux proportions colossales. On croyait voir, mais sur une échelle immense, les faubourgs d'une ville assiégée depuis plusieurs années, et dont les abords offraient le spectacle de la destruction.

Il n'y avait rien d'intact : tout était débris ou mutilation. Ici, un pan de mur criblé de boulets ; là, un *mirador* élevé qui menaçait ruine ; partout ailleurs, de colossaux fragments de constructions. Ailleurs l'ice-berg, aux sillons profondément creusés, s'entr'ouvrait comme une grenade ; une autre fois il s'affaissait comme un volcan éteint dont le cratère reste béant à la surface du sol ; plus loin enfin c'était une pierre d'une grandeur prodigieuse qui se fendait dans tous les sens.

Quelle n'est pas la puissance destructive des glaces flottantes! Des bancs de glaces de plusieurs lieues d'étendue, une fois mis en mouvement, ne sauraient être arrêtées par aucune puissance humaine. Quand une bande étroite de glace s'oppose à la navigation, on cherche à y pratiquer une ouverture avec le navire lui-même, avec une scie mue verticalement, ou par la mine. Le feu servant à rompre la glace, quel contraste! Quand une ouverture quelconque est pratiquée dans la glace, on y fait entrer le navire, comme un coin dans le bois. « Plus d'une fois, dit Bellot, il arrive, pendant cette opération, que les glaces, mues par le courant ou par la brise, se rapprochent après s'être perfidement écartées un instant, et le bâtiment se trouve soumis à une pression dangereuse. Malheur à celui qui ne sait point prévoir ou suffisamment observer les signes précurseurs de cet accident presque

toujours accompagné de conséquences fatales !
la glace, que rien n'arrête, passant au-dessous
du navire, le renverse, ou passe au travers
s'il résiste. J'ai vu des plaines de glaces se
dresser, pour ainsi dire, le long des flancs
du navire et retomber sur le pont en blocs
que tout l'équipage se hâtait d'aller rejeter
de l'autre côté, dans la crainte de sombrer
sous le poids énorme de cet hôte malencon-
treux. »

Ailleurs Bellot nous dépeint l'aspect mena-
çant d'un ice-berg : « Minuit. — Je viens de
quitter le quart après une navigation des plus
ennuyeuses, au milieu des glaçons les plus im-
portuns, dont les plus petits sont gros comme
plusieurs fois le navire. Ce qui rendait notre
manœuvre plus difficile, c'est une brume
épaisse qui ne nous laisse voir notre ennemi
que lorsque nous sommes dessus. On se sent
étouffé sous cette épaisse enveloppe. Vers
quatre heures, de sourdes détonations, semblables à un coup de canon, nous avertissent

que quelque ice-berg n'est pas loin de nous. J'accours aux cris de nos hommes, et je reconnais qu'en effet nous sommes à peine à deux encâblures d'un ice-berg deux fois haut comme le navire.

« La mer est jonchée de débris, et les profondes crevasses qui le sillonnent nous font redouter ce voisinage, d'autant plus que si un nouvel éboulement avait lieu, nous pourrions bien recevoir quelques débris à bord ; or ces petits morceaux sont gros comme des barriques ; et si le sommet de ce pain de sucre juge à propos de se séparer de sa base, malheur à nous ! Nous rencontrons plusieurs pièces de glace d'eau douce, plus dangereuses que celles d'eau salée, à cause de leur dureté, bien qu'elles se présentent sous un très-petit volume, la plus grosse que j'aie vue étant à peu près de quatre mètres cubes. »

Il arrivait souvent qu'après s'être donné bien du mal pour s'ouvrir un chemin à travers la glace, ce chemin se refermait par suite du rapprochement des deux *floes* (1). On faisait jouer tour à tour le cylindre, la scie et la mine.

« **24** juillet.—— Ce soir, le ciel se couvre au sud-sud-est. Le baromètre est descendu de deux degrés. Les ice-bergs craquent et détonnent de tous côtés; le soleil, couvert, ne paraît pas, et nous louvoyons au milieu d'eux comme un voyageur arrivé pendant la nuit dans une ville inconnue, cherchant sa route parmi les palais de marbre de quelque cité italienne. Nous avons encore fait usage de la scie, scié quarante-deux pieds de glace (pieds anglais, en tout douze mètres soixante-dix-sept centimètres) de deux pieds d'épaisseur en une heure, six hommes sur les cordes, trois aux manches, trois aux pieds, le morceau à scier avait soixante-quatre pieds; on sépare le reste en sautant ensemble dessus (vingt

_______________

(1) Glace flottante, de *float, flotter*.

hommes), il se sépare en ligne droite. Surface totale, à peu près un rectangle de soixante quatre pieds sur vingt (1). »

(1) Toutes nos citations sont prises textuellement dans la belle édition que M. Perrotin a donnée du Journal de Bellot; Paris, 1854.

# CHAPITRE II

La neige et le *frost - bite*.

Après les glaces qui rendent si dangereuse la navigation dans les mers polaires, l'ennemi le plus terrible, l'hôte le plus importun, ce n'est pas le froid, c'est la neige et l'humidité. Le jour, la neige fatigue les yeux, qui se trouvent atteints du *snow-blindness* (1). La nuit, elle est plus incommode encore, toutes les fois surtout qu'il faut parcourir à pied de grandes distances sur des plaines de glaces. « Alors, dit Bellot, tous les objets se perdent dans une teinte uniforme; les plans se confondent, les

(1) Aveuglement causé par la neige.

contours s'effacent, on erre dans un brouillard à peine transparent : l'œil, fatigué par une
attention continuelle, ne distingue plus rien ; le
pied se lève pour franchir une ondulation de
terrain et retombe dans le vide ; le sol semble
s'étendre horizontalement devant vous, et tout
à coup vous roulez le long d'une colline es-
carpée. »

Pourtant, de cet ennemi si terrible le navigateur sait tirer parti, quand il s'agit de passer les nuits sur les *fields* (1). Cette neige, quand
elle devient compacte, peut être taillée comme
la pierre tendre de nos contrées, et servir à la
construction de ces grossières petites maisons
de neige, *snow-houses*, qui peuvent loger plusieurs voyageurs. C'est ce que firent souvent
Bellot et ses compagnons. Il est vraiment
curieux de les voir, architectes expéditifs,
élever leurs murailles en moins de deux
heures, monter la voûte en moins de temps,

(1) Plaines ou plateaux.

cimenter les joints avec de la neige et ne laisser au plus que deux ouvertures, l'une pour entrer, l'autre, toute petite, pour respirer et pour voir.

Quand plusieurs personnes sont réunies dans ces pavillons qui ont l'air d'avoir été blanchis à la chaux au dedans comme au dehors, absolument comme les maisons mauresques, on arrive à y avoir aussi chaud que dans l'appartement le plus confortable de Londres ou de Paris. Bellot nous trace un petit tableau, une petite scène de la vie au milieu des neiges de la région arctique; elle est charmante, et nous la transcrivons avec plaisir.

« La neige transparente de notre maison projetait au dehors des lueurs verdâtres qui lui donnaient l'air d'une fantastique illumination : à quelques pas, notre tente de toile, d'où retentissait toujours quelque rire sonore et communicatif; plus loin une muraille de neige abritait notre modeste cuisine, qui consistait en une chaudière pour fondre la neige;

voyageant, en effet, comme des gens pour qui rien n'est trop bon, nous nous donnions le luxe d'une tasse de thé, dont nous arrosions notre *pemmican* (1). Autour de ce foyer, quelques frileux cherchaient à se réchauffer, apportant des débris de bois soigneusement mis de côté, un autre soufflant sur des charbons à moitié éteints, pour allumer une pipe rebelle; une vraie scène de la campagne de Russie (2);

(1) On a vu plus haut (page 29) ce qu'on doit entendre par *pemmican.*

(2) Dans la campagne de Russie, ou retraite de Moscou, dès le 14 novembre, le thermomètre Réaumur était descendu à 21°, qui font 26° 25 centigrades. Le journal de Bellot accuse des chiffres bien plus élevés : 8 avril 1852, à huit heures du soir, 37° centigrades au-dessous de zéro. « 22 janvier. — Le thermomètre est descendu ce matin à 44° Farenheit; ce qui fait 42° centigrades au-dessous de zéro, un degré seulement plus haut que la température éprouvée par les Américains l'année dernière. Soit que notre mercure ne soit pas très-pur, ou que notre thermomètre soit inexactement gradué, une certaine quantité de ce métal mise dans un vase de faïence, mais placée sur les bastingages, et recevant peut-être par les bois du navire une partie de chaleur, ne s'est congelée qu'à 42°, et la douleur causée par le contact était très-vive. »

des gens affamés, aux vêtements couverts de neige, piétinant pour se réchauffer, maculant de toutes parts cette belle nappe blanche : tel était le tableau. Cette agitation, ce mouvement causé par un si petit nombre de personnes, faisaient bientôt place à la tranquillité primitive, et, grâce aux fatigues du jour, nous ne tardions pas à nous endormir d'un sommeil aussi profond que si le plus moelleux édredon nous eût reçus dans ses plis. »

Mais, à la longue, le spectacle uniforme de la neige fatigue comme tout ce qui est monotone. On a le droit d'être dégoûté de la neige après avoir lu ce qui suit :

« La neige tombe par gros flocons et donne un peu de la clarté dont nous jouissions encore aux environs du méridien. Le reste du temps, une teinte ardoisée attriste et nous fait ressemtir davantage le froid; les objets, à peu de distance de nous, se confondent tous dans un gris de plomb d'un aspect funèbre. Partout, sur nos têtes, sous nos pieds, autour de nous, la neige, rien que la neige ; les arêtes rugueuses du roc, ou les flancs perpendiculaires des falaises, grimaçant à travers cette enveloppe, nous rappéllent seuls que le monde n'est point une immense boule de neige. »

Dans un de ses voyages, le capitaine Ross, qui a exploré les mêmes contrées que décrit Bellot, finit par détester la neige, le fond commun de tous les tableaux de la nature polaire.

« Ici, dit-il, la brise est une brise de neige, le brouillard un brouillard de neige ; quand le soleil brille, c'est pour briller sur la neige, qu'il ne dissout pas. Le souffle de la bouche est de la neige ; elle est sur les sourcils, sur les cheveux, sur les habits ; elle tombe autour de nous, et remplit les lits, les chambres, les plats, dès que l'air extérieur pénètre autour de nous. C'est de la neige que nous buvons ; nos maisons, nos sofas sont de neige ; et, quand les divers usages de la neige nous deviendront inutiles pour la vie, nous aurons encore pour cercueils et pour fosses la neige ! »

Un jour Bellot partit, lui cinquième, à la recherche de quelques-uns de ses compagnons égarés et restés en arrière sur un canot du *Prince-Albert*. Parmi eux se trouvait le bon capitaine Kennedy, que Bellot chérissait comme un père. Pour les rejoindre, il fallut marcher dans la neige, traverser de petits lacs répandus sur les fields glacés, dont l'eau, à peu près douce, offrait un breuvage salutaire au milieu de ces glaces et de ces neiges. Au sein, pour ainsi parler, de l'eau reproduite sous ses trois aspects : neige, glace et eau liquide, croirait-on que c'est la privation de l'eau qui cause la plus grande souffrance de nos voyageurs? Ils sont partis par une température de six degrés au-dessous de zéro; mais bientôt un vent très-froid venu du nord soulève des nuages de neige. Leurs chaussures de cuir sont tellement gelées et racornies, que les *mocassins* peuvent seuls être chaussés. La sueur que le travail et la fatigue font ruisseler sur leur visage, se gèle immédiatement. Quand pour se reposer ils s'étendent sur leurs peaux de buffle, le chaud contact de leur corps en fait sortir l'eau de toutes parts, et, dans la nuit, pour sécher leurs bas mouillés, ils sont obligés de les mettre sur leur poitrine ou sous leurs aisselles, au risque de gagner des maladies.

Quelques jours après, à la veille de partir pour un nouveau voyage de reconnaissance, le thermomètre marquait 18° centigrades au-dessous de zéro. Le vináigre faisait éclater les bouteilles, et se condensait sous l'aspect d'une neige rosée qui avait tout le parfum et l'acidité du liquide lui-même. Dans les chambres, toutes les têtes de clous étaient revêtues d'une petite couche de glace. Bellot raconte que, plus d'une fois, voulant faire des observations météorologiques, il se *brûla* les paupières en mettant l'œil en contact avec les verres de ses lunettes. Il suffisait qu'elles touchassent le bord des montures, ordinairement en cuivre. L'haleine humide de la bouche se convertissait aussitôt en glace sur le verre et les miroirs.

On racontait, à bord du *Prince-Albert,* un accident singulier arrivé pendant un hivernage à des baleiniers américains. Pour combattre l'ennui d'une longue station d'hiver, on jouait la comédie à bord du navire. Un acteur qui remplissait un rôle de femme, ayant pris un fer à repasser, se mit, au milieu d'un couplet qu'il chantait, à pousser un grand cri. Par inadvertance ses doigts avaient touché le fer, et telle était l'intensité du froid, que le fer trop froid l'avait brûlé!

Par une de ces nombreuses compensations qui font réfléchir sur l'œuvre admirable de la Providence, ce froid si intense dont souffre le navigateur dans les mers polaires est en même temps le meilleur conservateur des substances alimentaires. On a pu lire dans le récit du désastre de la *Fury,* en juillet 1825 (1), que Parry dut abandonner le navire, avec toutes ses provisions, dans le canal du Prince-Régent. Croirait-on que, trente ans après, Bellot,

(1) Voir *le Pôle nord,* par H. Lebrun, page 95.

explorant ces parages, recueillit avec avidité quelques-unes de ces épaves, qui devinrent, pour lui et pour ses compagnons, de précieuses ressources; car, bien que les aliments conservés ainsi pendant un tiers de siècle dans des boîtes fussent gelés, néanmoins on leur trouva *la même saveur et le même goût que le jour où ils avaient été embarqués.*

# CHAPITRE III

Le mirage.


Mais ces terribles épreuves avaient en quelque sorte leur compensation dans les phénomènes météorologiques de la nature polaire :
le soleil se couchant à l'est, ou plutôt immer-
geant à peine sous l'horizon ; des jours et des
nuits de trois mois ; des parhélies où le soleil
paraissait double ; des halos où il était comme
entouré d'une lumière particulière ; d'éton-
nants effets de réfraction où son disque se
montrait sous une forme elliptique et non cir-
culaire. Souvent l'œil était fasciné, trompé par
le curieux phénomène de mirage. Ici une

petite pierre était prise pour un énorme glaçon ;
là un renard paraissait aussi gros qu'un ours.
On croyait mettre le pied sur un monticule,
tout à coup le pied s'enfonçait dans un trou.
On faisait un saut de dix pieds, pour franchir
un *hummock* (1) d'un pied ou deux. Un jour,
les compagnons de Bellot avaient vu quelque
chose qui avait la figure d'un homme très-grand.
M. Kane prétendait qu'il avait huit pieds. Ils
s'approchèrent : c'était un oiseau. Ils avaient
vu distinctement l'homme étendre les bras et
les rapprocher, comme pour se draper dans
son manteau ; c'était tout simplement l'oiseau
qui battait des ailes. Une autre fois, au lever
de la lune, on assista à un singulier spectacle.
Le disque de cet astre semblait comme effrangé
à ses bords, ou plutôt échancré d'une manière
bizarre ; c'était un ici-berg qui faisait en ce
moment fonction d'écran, et dont les parties

(1) Rangée de glaçons superposés par suite des collisions
des champs de glace.

saillantes interrompaient le doux rayonnement de la lune, en projetant sur sa face leurs arêtes opaques.

Bellot écrit à la date du 18 novembre : « La lune est ce matin entourée d'un magnifique halo que nos marins, habitués aux voyages arctiques, considèrent comme le présage d'une abondante neige destinée à tomber d'ici à peu de jours. — Tout l'équipage est envoyé à la chasse. M. Kennedy se rend au fond de la baie, et m'envoie avec M. Smith pour examiner la première ravine au sud de la baie. Que de beautés présente l'aspect de ces sauvages falaises menaçantes et comme suspendues sur nos têtes ! Bien que le soleil soit au-dessus de l'horizon, ses rayons, glissant par-dessus les montagnes, viennent colorer leurs têtes neigeuses de douces teintes roses qui semblent faire corps avec la neige, et, passant par toutes les gradations, viennent mourir dans le bleu obscur des ombres projetées par les arêtes dentelées des grands rochers. — Pour la première fois, sans doute, le pied d'un Européen trouble ces pittoresques solitudes, dont les échos obéissants émeuvent l'imagination par leurs mystérieuses voix : une pierre qui roule, la neige qui crie sous nos pas, le bruit même de nos respirations, retentissent avec un tumulte curieusement grossi par la répercussion, qui s'enfuit ensuite en mourant et comme effrayé de lui-même. L'œil ébloui se trompe à chaque instant : je crois voir bien loin de moi deux hommes démesurément grands, je distingue tous leurs gestes, je les vois charger leurs fusils ; nul doute, ce sont deux de nos gens qui marchent à notre rencontre, et, à cinquante mètres de moi, je trouve une pierre d'un pied de haut partagée en deux fragments noirs par un petit tas de neige. »

Ainsi se répétaient, dans les régions glacées, les phénomènes de mirage si communs dans les sables brûlants du désert.

Il note souvent, en passant, ces effets de lumière et d'acoustique dont les mers arc-

tiques sont le théâtre. Tantôt c'est le soleil qui
promène pendant plus d'une heure sur l'horizon un immense globe de feu resplendis-
sant au milieu des nuages de pourpre et d'or.
Tantôt c'est la lune qui se lève et fait avec lui
un piteux contraste par la simplicité de son
disque d'un rouge pâle, fantôme sanglant qui
se détache sur un fond de neige. On entend
parfois, dans ces solitudes affreuses, comme un
sourd roulement qui se répercute d'échos en
échos, à l'infini, semblable au bruit du tonnerre, à l'écroulement d'un mur formidable.
Là c'est un fragment d'ice-berg qui roule sur
le flanc de la montagne de glace, et fait gémir
l'eau qui reçoit avec avidité ce nouveau géant
des mers. « Les grandes surfaces réfléchis-
santes, observe Bellot, sont éminemment propres à l'étude des phénomènes lumineux, aussi
bien que des phénomènes acoustiques; et après
avoir, comme de vrais enfants, joué avec ces
échos, nous faisant répondre les phrases bur-
lesques d'un écolier en vacances, nous admi-

rons les teintes vert d'émeraude du soleil, passant entre les fissures d'un promontoire élevé, et nous les comparons aux teintes chaudes et rougeâtres qu'on trouve sur la feuille de la vigne au mois de septembre. »

# CHAPITRE IV



Bellot excelle dans la description de ces tableaux des régions arctiques, et nous croyons ne pas déplaire à nos jeunes lecteurs en leur offrant encore quelques peintures de ces terres désolées qui, à certains égards, nous paraissent des modèles de description. La plume paraît même se refuser à en reproduire les sauvages beautés.

« A deux heures, en laissant le quart, au lieu d'aller me coucher, je réveille M. Kennedy, et nous allons courir sur la glace, poursuivant un troupeau de narvals qui se trouvent sur quelques *pools* (1), faisant retentir, au milieu de ces solitudes, leur souffle puissant comme celui d'un tuyau d'orgue. Le soleil se venge de l'éclipse d'hier et prend sa revanche : il dore de ses reflets les montagnes de glace qui nous entourent et brillent comme une cuirasse; on dirait une mer de glaciers montrant leur surface dorée comme les épis mûrs d'un champ de blé. Il y a un charme tout particulier dans l'éclat de cette lumière sans chaleur. Quel plaisir de courir ainsi sur cette croûte de glace qui craque sous nos pas et peut s'entr'ouvrir à chaque instant! Il y a là plus de poésie qu'au milieu des laves brûlantes d'un volcan! Quel pinceau pourrait reproduire les mille beautés du soleil se jouant au milieu des glaces! Que Pégase est empêché, surtout sous une pauvre main plus habituée à emboucher le porte-voix que la trompette des Muses; et que je regrette mon impuissance de chaque jour, de

(1) *Pool*, étang, petit lac.

chaque instant, dans cet océan d'impressions ! »

Quand Bellot était en présence d'une de ces scènes grandioses de la nature, il gémissait de n'avoir pas, pour rendre ses impressions, la plume d'un Chateaubriand ou d'un Humboldt. Toutefois sa plume n'a point trahi son impuissance dans le morceau qu'on va lire !

« 15 août, minuit. — La brume se dissipe, et, par un joli clair de lune, nous appareillons de nouveau. Une légère brise ride à peine les lacs compris entre de gros glaçons ; une petite houle trace autour des grands *bergs* une mince couronne argentée que nous ne franchissons pas. Le navire, comme un fantôme, glisse sans bruit dans les sinueux détours d'un labyrinthe de marbre. Le *gong* (1) chinois appelle les gens de quart, et trouble seul le sommeil des *rotches* qui nous  lancent leurs malédictions avec ce

(1) Sonnette particulière qui ne retentit que longtemps après qu'un marteau l'a frappée. Le son, d'abord sourd, s'enfle progressivement et arrive à une grande intensité.

piaulement criard particulier aux oiseaux de mer ; ils s'envolent par bandes, effrayés des sons lugubres de notre gong qui les chasse ; de même le bourdon d'une vieille cathédrale fait fuir les timides hiboux. La scène n'est pas sans poésie : on respire à peine, comme si l'on craignait d'éveiller le génie malfaisant des glaces auquel sa proie va échapper...... La neige qui sourit aux rayons du soleil! c'est presque une scène méridionale ; c'est l'Arabe revêtu de son burnous éblouissant; c'est la blanche hermine qui recouvre la toilette de bal des jeunes filles ; mais nous sommes trop près de ces longs jours d'une lumière qui échauffe le cœur ; le contraste est trop frappant entre la lumière dorée du soleil et la lumière argentée de la lune. Les pâles rayons de celle-ci se reflètent en vain sur ces masses de glaces ; ce blanc mat, ce gris de plomb vous font froid au dos, et tout semble, à cette odeur de lin-ceul, ressentir les impressions du tombeau et du néant.... »

Mais, suivant nous, le chef-d'œuvre des descriptions contenues dans le Journal de Bellot est le petit morceau suivant :

« 11 juillet. — Le temps est magnifique, et il fait presque chaud. Nous restons immobiles sur une mer d'huile. Ce n'est point un de ces calmes de l'Océan où il y a toujours une houle qui agite le navire et où les voiles retombent pesamment le long des mâts. Il semble que tout sommeille ; l'équipage est en bas, parce qu'il n'y a rien à faire sur le pont. Mais, grâce à ces rayons bienfaisants qui dorent d'un gracieux reflet la surface polie des ice-bergs, la nature n'est point morte ; on sent la vie sous cette complète immobilité ; c'est l'image du repos et non de la mort. De temps en temps, une sourde détonation annonce le résultat de la décomposition amenée sans doute par la chaleur ; un roulement saccadé se fait entendre, semblable au fracas du tonnerre dans nos orages d'automne, et nous voyons la tête d'un ice-berg se détacher du tronc, glisser en mugissant, et se précipiter dans l'onde au milieu des nuages d'écume qui jaillissent à une grande hauteur. Le monstre oscille plusieurs fois comme pour se raffermir sur sa base, ou peut-être en signe de salut aux autres ice-bergs. Une longue houle va dire à plusieurs milles de distance son entrée dans le monde ; quelques minutes encore, et, naguère partie dépendante d'un bloc plus gros, il est maintenant lui-même membre de cette famille de géants. »

Après avoir lu ces morceaux choisis, un peu au hasard, dans le Journal de Bellot, comment ne pas regretter amèrement, au simple point de vue littéraire, la mort de ce jeune officier de marine !...

# CHAPITRE V



Si nous cherchons à travers ces notes de
voyages quelle était la nature des idées et des
croyances de Bellot, nous trouvons une âme
convaincue de la grandeur et de la bonté de
Dieu. En présence de la magnificence d'une
région dont il a dit quelque part : « Ce pays
est celui qui donne les plus forts coups de
pied à l'orgueil humain, » il arrive à comprendre la sublimité de la religion, la puissance de la prière. Il parle de celle-ci avec un
accent d'éloquence et de vérité dont nous
sommes heureux de pouvoir citer quelques
traits :

« Quelle force dans cette invocation, dans ce cri du cœur qui trahit la faiblesse de notre nature et pourtant nous donne la force! Qu'il est étonnant cet échange mystérieux et sublime entre la créature et le Créateur, entre la faiblesse et la toute-puissance! Est-il un miracle plus éclatant et plus fréquent que celui-ci!... Oh! oui, l'exercice de la prière est salutaire, il est surtout utile et indispensable à celui qui est animé d'une piété vraie! Je me croyais religieux alors que je me contentais de reconnaître l'existence de Dieu; je comprends maintenant combien cet exercice de la prière nous rend facile l'accomplissement des devoirs, sur lesquels, sans cela, nous sommes disposés à passer bien légèrement. »

Cette dernière exclamation lui est arrachée à la vue d'une de ces scènes qu'il appartient à la plume seule d'un Chateaubriand de reproduire avec la grandeur que comporte un si beau spectacle. En lisant le passage suivant extrait du Journal de Bellot, on se rappellera involontairement *la Prière du soir à bord d'un vaisseau :*

« Si la piété de nos hommes n'est pas très-éclairée, au moins semble-t-elle être sincère ; et ne fût-ce encore chez eux qu'une affaire d'habitude, l'influence de cette habitude sur leur manière d'être est encore très-heureuse. Je ne sache pas, du reste, de spectacle plus fécond en pensées que la vue de ces quelques hommes chantant les louanges du Seigneur au milieu de la solitude de l'immense Océan ; je pense à ces couvents de l'Orient jetés comme un point dans le désert. Notre existence à bord, avec sa régularité, n'est-elle pas en effet le couvent ? »

Il n'ignorait pas de quel secours peut être la prière que nous adressons au Ciel pour ceux qui nous sont chers ou dont nous pleurons la perte. Il connaît toute la vertu de la prière dite en commun. Un jour le capitaine Kennedy s'était séparé, avec quelques hommes, de l'équipage du *Prince-Albert*. Bellot était resté

seul pour commander la goëlette, en attendant
que d'actives recherches ramenassent à bord
M. Kennedy et sa petite troupe. Il écrit ce qui
suit, à la date du 14 septembre :

« J'ai demandé aux hommes que nous con-
tinuions à avoir les prières et le service comme
toujours, afin qu'au retour M. Kennedy ne
croie pas que nous ayons oublié ses salutaires
conseils le lendemain même de son absence.
Tous agréent avec le plus grand empressement
cette proposition; et si nous étions destinés
à ne plus le revoir, ce serait du moins un
hommage payé à sa mémoire et qui conser-
verait son souvenir plus vivant au milieu de
nous. »

Un autre caractère de la prière dite en
commun, c'est de fortifier, en le resserrant,
le lien de la fraternité humaine, cette solidarité
morale qui existe entre parents, frères ou
amis, ou bien encore entre compagnons de
voyage. Par cette solidarité s'établit une bien-
veillance réciproque qui met le cœur à l'abri

de tout sentiment de haine, de jalousie, d'égoïsme. Bellot est pénétré de cette vérité, et il l'exprime en un langage touchant :

« Plusieurs hommes se sont laissés aller à jurer ; mais il m'a suffi de prononcer le nom de M. Kennedy pour les rappeler à leur devoir. Comme je le leur ai dit l'autre jour, je ne puis, autant que notre pauvre ami, leur imposer par mes propres vertus. Je ne suis pas meilleur qu'eux, mais c'est par une surveillance réciproque que nous arriverons à nous améliorer. Le lien de la prière dite en commun n'est pas une simple formalité ; mais son caractère officiel doit nous soustraire aux tentations si fréquentes que l'on a de s'oublier. J'ai ordonné que le *gong* fût sonné d'une façon particulière pour appeler à la prière, et la régularité de cette réunion de famille ne contribuera pas peu à créer chez tous une pieuse habitude d'élévation morale. »

Bellot fut récompensé un jour d'une manière bien touchante de ces égards, disons mieux, de cette sollicitude qui puise sa force dans le sentiment religieux. Ce qu'on va lire est une preuve que Dieu le récompensait d'avoir pensé à lui. Il écrit à la date du 23 septembre :

« Je suis aujourd'hui l'objet d'une attention à laquelle je suis bien sensible ; la date m'ayant rappelé le jour de naissance de mon père, et l'ayant mentionnée tout à fait en l'air, pendant que je suis sur le pont, après dîner, le docteur fait préparer une petite collation, et MM. Leask et Hepburn, à cette occasion, me font part de leurs vœux et de leur amitié pour moi d'une façon qui me fait le plus grand plaisir ; par exception à la règle, un verre de grog est bu par nous et par l'équipage à la santé de ma famille. »

Rien de plus touchant que la délicate attention dont Bellot est l'objet, loin de sa patrie, de sa famille, en compagnie d'étrangers, sous un ciel de fer, dans la région de la mort !

Dieu l'a préservé dans son premier voyage, ainsi qu'on l'a vu, de mille dangers : comment s'étonner de le voir à chaque instant témoigner sa reconnaissance pour un Dieu de secours et de bonté ?

« Enfin nous voici arrivés ; trêve donc à nos inquiétudes, et ne songeons plus qu'à rendre grâces au Créateur de toutes choses, à Dieu, dont la main tutélaire nous a relevés chaque fois que nos pieds chancelants ont trébuché. »

Pénétré d'un profond sentiment de sympathie pour ses compagnons égarés et de pleine confiance en la Providence, il écrit ailleurs :

« La tempête de neige gronde au dehors, si bien que nous n'osons sortir de notre hutte, heureux que nous sommes de l'abri chaud et confortable qu'elle nous procure ; mais nous ne sommes pas sans inquiétude pour ceux qui nous ont laissés mardi matin. Nous craignons qu'ils ne soient encore vers le milieu de la baie de Creswell, sur les glaces de laquelle cette tourmente peut avoir quelque effet. Nous ne pouvons que faire des vœux pour eux, et demander en leur faveur cette même protection dont nous éprouvons si visiblement les effets. Comment ne pas admirer la Providence qui change en abri tutélaire cette neige qui serait bien vite l'instrument de notre destruction? Alors que tout autour de nous semble conspirer notre perte, ne jouissons-nous pas d'un bien-être réel? Quelle force ne puise-t-on pas dans la confiance de Celui *sans la permission duquel un cheveu ne saurait tomber de notre tête !* »

Ces paroles, que nous venons de souligner, sont aussi les dernières qu'il ait prononcées, dans une circonstance qu'aucun de nos lecteurs n'a oubliée. N'est-ce pas aussi par une sorte de triste pressentiment qu'il s'arrête à méditer sur quelques tombes perdues dans ces solitudes glacées ?

« 26 octobre. — Six tombes, placées vers la tête de la baie, avaient été laissées par l'*Enter-*

*prise* et l'*Investigator* dans l'hivernage de 1848 à 1849 , entre autres celle de M. Mathias , un des chirurgiens de l'expédition. Le bon naturel et la piété qui sont innés chez les marins n'ont jamais manqué de se produire en de semblables occasions , et je les ai toujours vus recueillir avec une religieuse attention ces débris qui leur rappellent la fragilité de leur existence et les chances auxquelles ils sont eux-mêmes exposés.

« L'état de ces sépultures témoignait d'ailleurs d'une convenable attention de la part de ceux que Dieu avait épargnés. Quelques lignes simples et dictées par l'âme étaient inscrites sur l'une d'elles, et nous fûmes longtemps sous le poids de l'impression que cause l'idée de la mort sur une terre lointaine. Cette répulsion instinctive que nous éprouvons à songer que nos restes reposeront éloignés de tout ce qui nous fut cher, ne nous ramène-t-elle pas au sentiment élevé de l'immortalité de l'âme? »

Avec quel étonnement douloureux ne lit-on

pas cette ligne du passage que nous venons de citer : « Et nous fûmes longtemps sous le poids de l'impression que cause l'idée de la mort sur une terre lointaine ! »

Placez l'individu le plus irréligieux en présence des phénomènes imposants des climats extrêmes, du désert ou des glaces, il sentira peu à peu le nom de la Providence se révéler plein de grandeur et de majesté. Quand on lit le voyage de René Caillié à travers le grand désert africain, on remarque qu'à l'aspect des solitudes infinies du désert, au-dessus duquel plane le globe ardent du soleil d'Afrique, sou langage s'empreint d'une couleur religieuse et solennelle. Son âme grandit avec la scène qui se déroule sous son regard ; son cœur s'ouvre aux aspirations les plus sublimes ; il croit, il espère, il aime. De même, et plus vivement encore, quand Bellot est témoin des tableaux grandioses ou magnifiques de la nature polaire, son langage s'élève à la hauteur des scènes magiques qu'il décrit : l'enthousiasme l'anime et le colore. L'auteur manifeste, par une expression forte, un sentiment naïf et vrai. Si parfois, quand l'impression s'efface, un doute s'élève dans son esprit, c'est un doute plein de respect et d'espérance, un doute qui devait se dissiper devant les preuves multipliées et les témoignages infinis d'un Dieu de pardon, d'amour et de force.

Ce journal nous fait connaître dans Bellot autre chose que le marin. Il nous fait aimer l'homme et l'écrivain. Sa gloire comme marin est acquise à notre patrie, et elle est placée aussi sous le patronage d'une grande nation voisine. Comme écrivain, il n'avait pas dit son dernier mot, et son journal, en nous donnant beaucoup, nous permettait de beaucoup espérer. Mais Bellot était plus qu'un marin, mieux qu'un écrivain : c'était un homme(1). S'il avait le goût et la science de son état, il avait par-

(1) Pascal a dit quelque part : « Quand on voit le style naturel, on est tout étonné et ravi ; car on s'attendoit de voir un auteur, et on trouve un homme. »

dessus tout la noblesse du cœur. Il nous dit que la vie était dure à bord du *Prince-Albert*, et que des contrariétés, des mouvements d'égoïsme, s'élevaient souvent parmi les hommes de l'équipage. Il en souffrait. Mais lui-même s'y laissait parfois entraîner ; et quand cela lui arrive — rarement, il est vrai — il avoue ingénument ses torts. Il ne parle qu'avec respect de ce digne M. Kennedy, qu'il aimait comme un père. Jamais une parole d'aigreur, jamais un mot ironique ou persifleur ne vient altérer le ton généralement modéré et bienveillant de ces Mémoires. Au milieu des épreuves, souvent bien dures, qu'il subit, au milieu même des doutes qui l'assiégent, deux motifs de force et de consolation le soutiennent et le raniment : il croit en Dieu, et il aime les hommes !

# CHAPITRE VI

Voyage au 82e degré.

Complétons ces tableaux et ces récits par la relation abrégée du voyage du docteur Kane (1).

Au moment où Bellot s'embarquait à Woolwich sur le *Phœnix* pour entreprendre sa

(1) Le voyage de Kane a été publié sous ce titre : *Arctic explorations : the second Grinnell expedition in search of sir John Franklin, 1853-54-55, by El. K. Kane*, et traduit, en partie, par M. Édouard Charton dans l'intéressante collection de voyages qu'il publie en ce moment sous ce titre : *Le Tour du monde*. Voir la 17e livraison de la première année de ce recueil (1860). Nous donnons un compte rendu sommaire de ce voyage.

deuxième et si malheureuse expédition, le docteur El. K. Kane, de la marine des États-Unis, était désigné par l'amirauté américaine pour diriger la deuxième expédition que ce gouvernement envoyait à la recherche de Franklin. Le 30 mai 1853, Kane s'embarquait à New-York sur le brick l'*Advance*, qui avait été mis à sa disposition par M. Grinnell.

Dix-sept hommes doués d'un courage intrépide, et décidés à tout souffrir et à obéir aveuglément aux ordres de leur chef, l'accompagnèrent. Chemin faisant, il s'adjoignit un jeune chasseur esquimau, nommé Hans Christian, qui devait lui rendre de grands services dans cette périlleuse navigation à travers les glaces arctiques.

Le 6 août, l'*Advance* atteignait l'entrée du détroit de Smith, gardée par ce que le docteur Kane appelle *les colonnes d'Hercule de la mer polaire*. Elles se composent de deux caps aux falaises escarpées, et dont l'aspect sombre et terrible rendit un moment pensifs les matelots

de son équipage. Déjà on avait dépassé le 78ᵉ
degré de latitude. On s'avançait dans des régions presque inconnues, précisément à l'opposé de celles où s'étaient perdus les navires
de Franklin ; c'est qu'on s'était partagé les
mers polaires dans une perquisition qui devait
embrasser le plus grand rayon possible. Tandis
que d'autres explorateurs parcouraient les détroits méridionaux, Kane avait pour mission
de fouiller les chenaux qui s'ouvrent au fond
de la mer de Baffin.

A cette latitude si reculée les compagnons
de Kane hésitèrent à le suivre. Il fallut toute
son énergie, toute son éloquence, pour les
entraîner à sa suite dans cette dangereuse
entreprise. Quand on se résolut à le suivre, et
que l'entrée du détroit de Smith fut forcée,
on dut songer à protéger le navire contre la
débâcle des glaces, si redoutable dans ces
parages, et choisir un lieu d'hivernage. En
conséquence, Kane partit avec sept hommes
de bonne volonté pour aller reconnaître plus au

nord, entre 78° et 79° de latitude, la côte occidentale du Groënland. Or il arriva qu'en explorant les côtes escarpées du chenal où il s'était engagé, il fut frappé d'un spectacle magique.

« Je n'oublierai jamais, dit-il, l'aspect désolé qui s'offrit à mes regards quand, après une fatigante journée de marche, je me trouvai à une hauteur de onze cents pieds. Ma vue atteignait par delà le 80° degré de latitude ; à ma gauche, la côte ouest du détroit se perdait à l'horizon ; à ma droite, des terrains primaires s'étendaient en ondulant jusqu'à une masse de couleur profonde et sombre, que je reconnus plus tard comme étant le grand glacier Humboldt ; au delà se déployaient ces terres qui portent maintenant le nom de Washington ; leur promontoire le plus avancé, le cap Jackson, formait un angle de 14° avec le cap J. Barrow, situé sur la côte opposée. Toute cette ligne de côtes formait comme un cirque gigantesque encadrant un océan glacé. A

mes pieds, une plaine immense, où les hummocks (1) se dressaient comme les retranche-
ments d'une cité assiégée, où çà et là d'abruptes
montagnes de glace surgissaient semblables à
d'inébranlables forteresses, tandis qu'au loin,
jusqu'aux limites les plus reculées de l'horizon, un entassement d'ice-bergs accumulés les
uns sur les autres formait un infranchissable
rempart. »

Croirait-on que ces lieux désolés, si voisins
du pôle, offrent à l'œil fatigué de l'éternelle
monotonie des champs de glace et des plaines
de neige, une flore qui paraît d'autant plus
variée et d'autant plus abondante qu'on s'a-
vance davantage vers le nord? Quelle joie ne
procure pas au touriste l'aspect de ces mousses
et de ces graminées, au milieu desquelles
étincellent la corolle pourpre du *lychnis*, les
blanches pétales des *monties* et la solitaire

(1) Voir plus haut, page 111, ce qu'on entend par *hummock*.

*hespéris,* « la giroflée de muraille de ces régions arctiques. »

L'élément comique lui-même se retrouve au milieu de ces scènes lugubres ou poétiques. Un jour Kane et ses compagnons furent surpris par la marée qui empiétait sur le glaçon où ils se trouvaient. Force leur fut de passer la nuit debout, les pieds et les jambes dans l'eau, soutenant de leurs mains, pour les empêcher de se mouiller et par suite de se geler, les peaux de buffle qui leur servaient de lits. « Imaginez, écrit Kane avec sa bonne humeur ordinaire, huit cariatides américaines, dans l'eau jusqu'aux genoux, élevant en l'air ceux de leurs dieux domestiques qui craignent l'humide élément. »

Enfin nos voyageurs, las d'explorer des glaciers sans fin, retournent au point où ils ont laissé l'*Advance.* Aucun endroit ne leur parut plus propre à la faire hiverner que le havre de Rensselaer, où elle devait rester deux années, enfermée dans les glaces.

Dès le 7 novembre, la nuit polaire s'annonça, une nuit de cent quarante jours pendant laquelle on voyait *les étoiles en plein midi !* Les lampes ne cessaient de brûler dans l'entre-pont du navire. Le matin, ou à l'heure qui devait être le matin, c'est-à-dire vers sept heures, l'équipage de l'*Advance* faisait sa toilette, et, après avoir vaqué chacun à ses occupations, on descendait à la cabine commune qui servait à la fois d'atelier, de salon et de cuisine. Dans les repas, la pomme de terre *crue* et le thé jouaient un grand rôle. Celle-là râpée avec soin et arrosée d'huile composait sans doute un mets fort peu appétissant, mais très-hygiénique et tout à fait antiscorbutique. Trois repas par jour, des travaux réguliers, des lectures et des prières partageaient le temps de la journée, calculé de douze heures, absolument comme si le cours du soleil en eût déterminé le commencement et la fin. Mais cette vie factice ne laissait pas que de devenir insupportable. « Un jour polaire et une nuit polaire, dit Kane, fatiguent et vieillissent plus un homme qu'une année passée n'importe où dans ce monde dévorant. »

A la fin de cette nuit de cinq mois, un des hommes de l'*Advance* mourut. Le triste effet que produisit sur l'équipage ce douloureux événement fut bientôt dissipé par une nouvelle d'un caractère moins alarmant. Un matin (on sait que c'est une manière de parler) un homme de quart vint annoncer à M. Kane qu'il avait aperçu, à la réverbération des neiges, des êtres à face humaine. Kane alla les reconnaître : c'étaient des Esquimaux, qui, à la vue des marins de l'*Advance*, se mirent à pousser des cris sauvages que Kane traduit ainsi : « Hoah, ha, ha ! » et « Ka, kààh ! Ka, kààh ! » Ils les répétèrent plusieurs fois.

Puis ils disparurent comme un éclair, et se glissèrent comme par enchantement dans des trous qui paraissaient creusés dans la neige, et qui n'étaient autres que les portes étroites de leurs souterraines habitations. « Deux huttes et quatre familles étaient entièrement enfouies dans la neige ! »

Kane ne tarda pas à leur rendre la visite qu'il en avait reçue. Son arrivée fut saluée des cris de *Nalegak ! nalegak ! tima !* « Chef ! chef ! salut ! » Il glissa plutôt qu'il n'entra, à la suite du chef de l'établissement , dans une sorte de bouge infect où treize individus paraissaient être non assis, mais entassés , sur une plate-forme semi-elliptique servant à la fois de siége et de lit. Tout ce monde semblait abruti sous une atmosphère lourde et méphitique qui faisait monter le thermomètre à 90° centigrades. Une lampe , qui projetait une flamme enfumée de seize pouces de longueur, répandait une lueur douteuse sur cet intérieur d'Esquimaux. Quelques morceaux de phoque fumaient dans une sorte de vase de cuisine. La vue de cet infect ragoût rassasia Kane, qui fut gracieusement invité par le chef à partager son modeste repas. Les procédés culinaires de la maîtresse de l'établissement n'étaient pas de nature à calmer son dégoût. « Elle avait placé dans l'extrémité d'un os concave un morceau de baleine bouillie, tranche choisie ! Je n'avais pas vu les préliminaires de la cuisine : je suis un vieux voyageur, et je ne me donne pas le soin de sonder les mystères de la cuisine. Mon appétit était dans son bienheureux redouble-ment habituel, et j'allais saisir l'offre souriante, quand je vis la matrone accomplir une opération qui m'arrêta court. Elle avait dans sa main un os pareil à celui qui supportait mon *déjeuner*, il est vrai que c'est l'universel ustensile d'une cuisine d'Esquimaux ; et, comme je tournai la tête, je le lui vis retirer tranquillement de des-sous son vêtement, et, le plongeant alors dans le pot à soupe, en extraire la contre-partie de mon propre morceau fumant.

« J'appris plus tard que cet ustensile a deux usages reconnus, et que, quand on n'en a pas besoin immédiatement pour le pot au feu ou la table, il sert............... je n'ose dire à quoi. »

Kane prétend que la notion de la malpropreté n'existe pas pour les Esquimaux ; qu'elle doit être attribuée au froid extrême, dont l'action instantanée arrête la putréfaction et prévient les résultats intolérables de l'accumulation des chiens et de la famille dans un étroit espace. « Leurs sens semblent ne pas prendre connaissance de tout ce que l'instinct et l'association rendent révoltant pour la vue, le toucher et l'odorat des hommes civilisés. »

Le 4 juin 1854, le docteur Kane envoya Morton en reconnaissance vers le pôle nord. Cet intrépide marin partit accompagné de Hans le Groënlandais, et escorté de chiens esquimaux pour tirer leur traîneau.

Chose remarquable ! à mesure qu'ils s'avançaient vers le nord, la vie semblait renaître.

La marée se faisait sentir ; la neige parsemait les vallées ; l'eau filtrait des roches ; les fleurs, et particulièrement une petite joubarbe, tranchaient sur le fond monotone des neiges; les oies cravants (*anas bernicla*), les canards, les hirondelles, les mouettes se montraient par centaines et faisaient retentir les échos des rochers de leurs notes aiguës. Ici se place une de ces petites scènes que Kane excelle à décrire.

« Peu après, Morton et son compagnon aperçurent à un demi-mille devant eux leurs chiens tenant en arrêt une ourse et son petit. La lutte fut désespérée; la mère ne s'avançait jamais à plus de deux yards, veillant toujours sur son petit. Quand les chiens approchaient, elle s'asseyait sur ses hanches, prenant l'ourson entre ses jambes de derrière, et combattant avec ses griffes de devant; elle poussait des rugissements à être entendus à un mille de là. « Jamais, dit Morton, animal ne fut plus en détresse. » Elle allongeait le cou, s'élançait sur le chien le plus à sa portée, grinçant des dents et tournant ses griffes comme les ailes d'un moulin à vent. Si elle manquait son coup, elle n'osait poursuivre un chien, de peur que les autres ne se précipitassent sur le petit, faisait entendre un rugissement de rage désappointée, et continuait à jouer des pattes, à étendre sa gueule grande ouverte au-devant de ses agresseurs. Chaque fois que l'ourson ne pouvait suivre sa mère ou devancer suffisamment les chiens, la mère se retournait, et, plaçant sa tête sous les hanches du petit, le lançait en avant; puis, celui-ci en sûreté, elle faisait de nouveau tête à ses ennemis pour lui donner le temps de fuir. A chaque halte de son nourrisson, la pauvre bête recommençait la même manœuvre; c'était un spectacle véritablement émouvant : Hans y mit fin par une balle tirée à bout portant dans la tête de l'animal. L'ourson se fit tuer sur le corps de sa mère, en essayant de le défendre contre la meute affamée. »

Quelle leçon la nature donne aux hommes dans ces tristes contrées!...

Le 24 juin, Morton atteignit le cap *Cons-*

*titution*, et, grimpant sur les rochers qui se dressaient devant lui, il vit tout à coup la mer polaire, dégagée de glaces, battre, comme à l'ordinaire, les flancs des rochers. Il parvint à fixer au plus haut point le drapeau de l'*Antarctic*, ainsi appelé parce qu'il avait été arboré plus d'un an auparavant sur le continent antarctique. Étrange destinée de ce linge, qui devait flotter aux deux extrémités du monde, emblème de l'audacieuse activité de l'homme cherchant l'inconnu au péril de sa vie! « Morton le laissa flotter une heure et demie au haut du noir rocher qui couvrait de son ombre les eaux blanchissantes que la mer, libre de glaces, faisait écumer à ses pieds. »

D'un point encore plus élevé il remarqua, à six degrés nord-ouest, un pic très-éloigné, tronqué, nu et strié verticalement. Sa hauteur était, à estimation de vue, de deux mille cinq cents à trois mille pieds. « Ce pic, la terre la plus septentrionale connue, a reçu le nom du grand pionnier des voyages arctiques, sir Edward Parry (1). »

(1) Ce hardi navigateur, dans son quatrième voyage, en 1827, avait tenté de s'avancer jusqu'au pôle; mais il put à peine dépasser le 82° de latitude. On peut lire dans *le Pôle nord* de M. Henri Lebrun le récit des voyages de Parry (pages 104 et suivantes).

# CHAPITRE VII

Le retour.

Le second hiver passé à cette limite du monde habitable fut plus rude que le premier. L'*Advance* perdit encore deux hommes. On songea à revenir sur ses pas. Le navire, toujours prisonnier des glaces, dut être abandonné. On mit à flot les trois chaloupes qu'il portait, la *Foi*, l'*Espérance* et l'*Éric-le-Rouge*. Les adieux des Esquimaux à l'équipage furent touchants. Ils avaient aidé, quoi qu'il leur en coûtât, au départ de leurs hôtes, qui avaient gagné quinze jours à leur active collaboration. Les heures pour Kane valaient des jours. Il craignait d'être arrêté par un troisième hiver dans ces parages dangereux. « Ce fut, dit-il, par la douce lumière d'un dimanche soir, après avoir hâlé à grand'peine nos bateaux à travers les hummocks, que nous nous trouvâmes devant la mer libre et ouverte. Avant minuit nous avions lancé l'*Éric-le-Rouge*, poussé trois hourras en faveur du retour et déployé tous nos pavillons. »

Il fut heureux pour l'*Advance* d'être retenue en arrière par les glaces. Sans cela elle eût été brisée, et ceux qui l'eussent montée abîmés par une de ces violentes tempêtes des mers polaires qui secouent les glaçons et les dispersent en les brisant sur les côtes. Les trois barques auraient elles-mêmes été broyées comme des coquilles de noix, si elles n'eussent aisément trouvé un abri tantôt sous un iceberg, tantôt sous un autre.

Vers le 24 juillet 1854, et après un travail de seize heures, les forces des matelots étaient épuisées; les vivres menaçaient de l'être promptement. Kane dut réduire la ration de chaque homme à six onces de pain en poussière et un morceau de suif gros comme une noix. Le thé venait, deux fois par jour, corriger l'amertume de ce triste ordinaire.

On se ferait difficilement une idée des dangers que courut, au retour, l'expédition de Kane, si nous ne le laissions raconter lui-même une des plus terribles bourrasques qu'il eût subies. Comme il était abrité, lui et les siens, sous une glace découpée en falaise, tout à coup une énorme masse de glaçons en dérive se mit à tourner comme sur un pivot en s'approchant de la glace qui les abritait.

« Celle-ci, mise en mouvement, vint s'appuyer sur le rocher lui-même. En un éclair tout ne fut plus qu'un chaos épouvantable autour de nous. Machinalement les hommes prirent chacun leur poste, s'occupant des embarcations. Pendant un moment je perdis tout espoir. La plate-forme sur laquelle nous nous trouvions éclatait tout entière ; la glace se brisait, s'empilait et s'amoncelait de tous côtés. Disciplinés comme nous l'étions par le malheur, habitués à mesure le danger tout en lui faisant face, il n'est pas un de nous, même à cette heure, qui puisse dire quand et comment nous nous trouvâmes à flot. Ce que nous savons seulement, c'est que, au bruit d'un fracas que rien ne peut rendre, fracas où la clameur de mille trompettes ne se serait pas plus fait entendre que la voix d'un homme, nous fûmes secoués, soulevés, ballottés au milieu d'une masse tumultueuses de hummocks, et que, dans le calme qui suivit, nos bateaux tournoyèrent dans un tourbillon de neige, de glace et d'eau.

« Nous restâmes dans cette position jusqu'à ce que le glaçon, venant se briser en morceaux sur le rocher de la côte, nous permit de nous dégager et de gagner, à notre grande joie, un espace libre où nos rames pouvaient jouer. Nous longions une ceinture de glaces escarpées, quand un grain terrible vint nous assaillir de nouveau. Nos bateaux furent rudement endommagés par cette affreuse tempête ; nous n'étions occupés qu'à vider nos canots, qui embarquaient des lames à couler bas. Vers trois heures, à la marée haute, nous pûmes faire franchir la barrière de glace à nos bateaux. Une cavité étroite se présentait dans les rochers ; nous y entrâmes. Nous étions à l'abri, complétement encavés, quand un bruit qui nous était familier vint frapper nos oreilles : le bruissement d'un grand vol d'eiders. Nous étions dans la retraite où ils faisaient leurs nids, et quand nous nous étendîmes pour dormir, épuisés de fatigue, mouillés jusqu'à la peau, nous nous prîmes à rêver œufs et oiseaux. »

A la fin du sombre récit qu'on vient de lire, ce dernier détail est charmant.

Le 11 août, la route fut fermée à nos navigateurs, qui se trouvèrent pris dans une espèce de cul-de-sac. L'été, amenant la débâcle des glaces, pouvait seul la leur ouvrir, à moins qu'ils ne trouvassent un moyen de franchir la difficulté. Un étroit chenal, une simple fissure leur permit d'abriter leurs embarcations sous des falaises escarpées. Cet affreux séjour était égayé par la présence de nombreux oiseaux : plongeons-lummes, mouettes-tridactyles, etc. Kane, en grimpant sur une falaise, découvrit au sud un immense océan de glaciers dirigés suivant l'axe principal du Groënland. « Parsemée d'îles, cette vaste mer empourprée se découpait sur l'aznr de l'horizon comme une ceinture de diamants dont les feux étincellent au soleil. » Son regard s'attachait avec une douce surprise sur les talus des rochers tapissés de fleurs : renoncules, saxifrages, portulacées, mousses, lichens et graminées. A cette latitude boréale (78°), la vie s'annonçait abondante et plantureuse; « cochléaria délicieux, œufs délicats, lummes énormes, gras et savoureux, tout était à profusion. Quel éden pour des scorbutiques affamés! »

Le nom de *Providence* donné par Kane à

ces lieux enchantés était bien justifié par les secours qu'il y trouva. Toutefois la route vers le sud était toujours barrée. Cet éden était une prison. Kane et deux hommes seulement de l'équipage le savaient; le secret était bien gardé. Il y avait à choisir entre deux partis : attendre la débâcle des glaces, si tardive cette année; quitter la côte, et s'enfoncer à l'ouest pour y trouver une mer ouverte. On s'abandonna à ce dernier parti. On suivit en traîneau sur la glace la trace du chenal, qui devait être libre sans doute un peu plus loin. Mais bientôt on le perdit de vue. On errait au hasard sur des plaines sans fin. On dut s'arrêter et examiner le *pays*. Kane et son second, Mac-Gary, montèrent sur un banquise de plus de trois cents pieds de hauteur. « La vue, dit le premier, était vraiment effrayante : nous étions au plus profond d'une baie, de toutes parts entourés par d'immenses ice-bergs qui surgissaient au milieu d'un chaos de glaçons enchevêtrés les uns dans les autres. Mon brave et hardi second, peu impressionnable de sa nature, habitué d'ailleurs et depuis longtemps à toutes les vicissitudes de la vie de baleinier, ne put s'empêcher de verser des larmes devant cette désolation. »

Il n'y avait plus qu'à placer les embarcations sur les traîneaux et à se diriger plus à l'ouest. Trois jours après on atteignait un chenal dégagé de glaces. Il était temps ; les provisions baissaient sensiblement. La ration dut être encore réduite. Chaque homme n'eut plus droit qu'à cinq onces de poussière de pain, quatre onces de suif et trois onces de viande d'oiseau. Plusieurs fois il avait été question de sacrifier les chiens esquimaux si précieux, pour l'attelage. Déjà quelques-uns avaient été immolés ; mais l'appétit féroce de l'équipage aux abois s'arrêta devant les deux chefs d'attelage, Toodla et Whitey, non sans peine de la part du docteur Kane, qui s'opposa de toutes ses forces au massacre des deux survivants. La minime nourriture des hommes diminuait leurs

forces ; leur sommeil était troublé par la fièvre.
« Plus de sommeil, s'écrie Kane, plus d'espoir
de salut ! » Les trois barques se trouvaient exposées à un courant qui chassait les glaces du
pôle vers l'Atlantique. Elles prenaient l'eau, et
il fallait les vider à chaque instant pour les
empêcher de couler bas. « Épuisés de fatigue,
mourants de faim, telle était notre triste fortune, quand nous aperçûmes un phoque endormi sur un glaçon qu'emportait le courant.
C'était un veau marin, mais si énorme, que je
le pris d'abord pour un morse. Je fis un signal
à l'*Espérance* ; et, tremblants d'anxiété, nous
nous dirigeâmes vers l'animal dans un fiévreux
silence, et Petersen, armé d'une carabine rayée,
se mit à l'avant de l'embarcation. En approchant, notre excitation devint telle, que les
hommes ne pouvaient plus ramer ensemble. Le
phoque n'était pas endormi ; il leva la tête
comme nous étions à portée de carabine : je me
rappelle encore l'expression désolée, désespérée, qui se peignit sur le visage hâve,

amaigri, de mes matelots, quand ils virent le mouvement de l'animal : à sa capture était attachée la vie de chacun de nous. Le bateau, vigoureusement poussé par Mac-Gary suspendu à son aviron, me semblait à bonne portée ; je ferme convulsivement la main, signal convenu pour faire feu ; étonné de ne pas entendre d'explosion, je me retourne : Petersen, paralysé par son émotion, ne pouvait tenir immobile sa carabine. Le phoque se dressant sur ses nageoires antérieures, nous regarde d'un air inquiet et curieux, en s'apprêtant à plonger. La carabine résonne : frappé à mort, l'animal tombe étendu près de l'eau, si près, que la mer mouillait sa tête penchée au bord du glaçon. »

Comment décrire la scène qu'offrit la véritable curée de matelots affamés se ruant autour de leur proie ! Les uns léchaient leurs doigts couverts du sang de l'animal ; d'autres dévoraient la graisse des parties qu'ils découpaient avec leurs couteaux. Le soir l'*Eric-le-*

*Rouge* fut sacrifié, et servit à cuire les restes encore respectables de l'amphibie.

« Ce fut notre dernière souffrance. « Le « charme est rompu, et les chiens sont sau- « vés, » s'écria Stephenson. — Pauvre Toodla et Whitey ! « c'était de la viande au croc, » disait Mac-Gary.

Rien ne peut peindre la joie de nos intrépides marins à la vue du mât solitaire d'une chaloupe danoise annoncé de loin par les cris de ceux qui la montaient. Ces voix humaines étaient les premières qui saluaient leur retour au monde habitable. « C'est la *Fraulein-Flaischer;* c'est Carlie Massyn ; la *Marianne*, la corvette attendue, est arrivée ! » s'écrie Petersen, qui, jusqu'alors calme et grave, éclatait en sanglots en se tordant les mains.

Une heure après, Kane et ses compagnons, au nombre de quatorze, montés sur la *Foi* et l'*Espérance*, arrivaient à Upernawik

____

# APPENDICE

⋖✚⋗

Nous empruntons au *Musée des sciences* (1)
un article de M. Decouturier qui complètera,
avec l'ouvrage que nous publions et *le Pôle
nord* de M. H. Lebrun, les notions les plus
exactes et les plus utiles que nos jeunes lecteurs puissent recueillir sur ces singulières contrées, aussi mystérieuses dans leurs mornes solitudes que ces déserts sans fin de l'Arabie et de
l'Afrique. Nous ne pouvions plus heureusement
terminer notre petit livre qu'en citant ces pages, curieuses à plus d'un titre, extraites d'un
recueil périodique justement estimé.

(1) 1er avril 1857.

# LES RÉGIONS GLACIALES

## I

### Le pôle nord.

On raconte sur les régions polaires du globe une foule de merveilles, et cela avec d'autant plus d'assurance, que l'exactitude des récits qu'on nous en fait est plus difficilement controlée. On ne va pas cependant jusqu'à nous dire aujourd'hui, comme ce bon anachorète dont parle la Mothe-le-Vayer, qui se vantait d'avoir voyagé jusqu'au bout du monde (par *bout du monde* il entendait sans doute le *pôle*), et qui assurait que pour ne pas se cogner la tête contre le ciel, qui joignait presque la terre en cet endroit, il avait été obligé de ployer les épaules. On ne va pas non plus jusqu'à raconter sérieusement, ainsi que cela s'est fait, qu'on est arrivé si près du pôle, que, de l'endroit où l'on est parvenu, on distinguait parfaitement l'axe terrestre qui rattache notre planète au ciel.

Aucun homme ne s'est approché du pôle à une distance moindre de 180 lieues; il est ici question du pôle nord, car il s'en faut de beaucoup qu'on ait pénétré aussi loin vers le sud. Ce fut l'illustre Edward Parry qui, dans le mois de juillet 1827, osa former la périlleuse entreprise d'aborder le pôle boréal par le nord du Spitzberg, au moyen de chaloupes susceptibles d'être traînées sur les glaces, lorsqu'elles ne pouvaient être mises à flot. Après des travaux surhumains et des fatigues inouïes au milieu de ces régions inhospitalières, il ne parvint qu'à une latitude de 82 degrés 45 minutes; il lui restait donc 7 degrés 15 minutes à franchir pour arriver à l'endroit du pôle. L'approche de ce lieu est si bien défendue par les glaces et les neiges accumulées, que souvent il fallait deux heures d'un travail excessif pour avancer d'une longueur de 150 mètres. Malgré son intrépidité, le capitaine Parry dut reculer devant des difficultés aussi énormes.

Le célèbre docteur Kane, dont les journaux américains viennent de nous apprendre la mort prématurée, s'est avancé en 1855, par le nord de la baie de Baffin, jusqu'au 82$^e$ degré de latitude, où il a trouvé une mer qu'il a désignée du nom de *mer Polaire*.

Que se passe-t-il donc au pôle? Nul ne le sait, et on est obligé de renoncer à l'apprendre. On connaît infiniment mieux ce qu'il y a dans l'hémisphère de la Lune tourné vers nous, que ce qu'il y a dans les régions avoisinantes de nos deux pôles. — Seulement la théorie nous indique pour ces contrées inabordables des phénomènes qui, s'ils ne sont pas exacts, sont au moins bien près de la vérité : pour le point polaire (90 degrés de latitude), — deux saisons, celle du jour et celle de la nuit, chacune de six mois; — la saison du jour, au moment des équinoxes, est annoncée par une période de crépuscules de plus en plus longs, jusqu'à ce que le soleil rase l'horizon complet en montrant une partie de son disque rouge à travers la brume (1); la longue nuit

(1) Un voyageur, dans une lettre datée de Hammerfest, ville située en Norvége par 71° de latitude, près du cap Nord, décrit ainsi qu'il suit le premier lever du soleil, auquel assistent chaque année les habitants de cette ville, la plus septentrionale de l'Europe, après une nuit non interrompue de plus de trois mois :

« Vers la fin de janvier, dit-il, ils commencent à chercher à l'horizon les premières lueurs du soleil qui les a fuis pendant si longtemps. D'abord on ne distingue dans la brume sombre qu'une teinte rougeâtre; mais c'est le signe que chacun connaît et dont chacun se réjouit. C'est le signe précurseur de ce soleil qui va raviver la terre et les hommes. Le premier qui l'a vu surgir l'annonce à haute voix, et tout le monde accourt sur la colline, et ce jour-là c'est fête dans toutes les familles. Peu à peu la teinte rouge grandit. C'est une ligne informe, c'est maintenant un large disque qui traverse les nuages, et qui de semaine en semaine s'arrête plus longtemps à l'horizon, jusqu'à ce qu'il y reste sans relâche des mois entiers. » ( *Lettres sur le Nord*, par Marmier, t. II, p. 100.)

Mais si dans les régions du Nord le soleil reste pendant l'hiver plusieurs mois sur l'horizon, en retour, dans l'été, il reste un temps égal sans se coucher. — Voici ce qui se

de six mois n'est récréée que par de brillantes aurores boréales qui éclairent le ciel presque tous les jours ; — pendant la longue absence du soleil, froid intense dépassant de beaucoup le degré de congélation du mercure (40° centigrades au-dessous de zéro) ; chaleur relativement vive pendant la présence du soleil ; et l'on soupçonne que la température moyenne du pôle est d'environ 12° au-dessus de zéro.

Quant à la vie végétale, il n'y en a pas trace dans ces régions, et le soleil, malgré sa présence de six mois sur l'horizon, y projette des rayons trop obliques pour avoir la puissance de fondre la couche de neige unifor-

passe près de Tornéa, en Suède, sous le cercle polaire. Le même auteur (p. 191) raconte qu'au bord du fleuve est la montagne d'Avasaxa, couverte de sapins et haute d'environ cinq cents pieds. Son aspect n'est rien moins qu'imposant, mais elle a été illustrée par les observations de Maupertuis ; et le 25 juin de chaque année elle est visitée par une foule de curieux. Au 66ᵉ degré de latitude, ce jour-là n'est interrompu ni par la nuit ni par le crépuscule. Du haut de l'Avasaxa, on voit à minuit le soleil s'incliner à l'horizon, puis se relever aussitôt et poursuivre sa route.

mément répandue à la surface du sol et de la mer glacée, en sorte que les neiges qui, à l'équateur, ne sont perpétuelles qu'à une hauteur de 5,000 mètres au-dessus du niveau de l'Océan, se maintiennent perpétuellement, aux pôles, à la surface de la mer. Le soleil n'a donc sur cette partie du globe d'autre action que de ramollir un peu la couche supérieure de la neige. — La vie animale, plus persistante au froid que la vie végétale, paraît exister au pôle ; la mer y est peuplée non-seulement de coquillages, mais encore de grands animaux et même de mammifères de la plus grande espèce, tels que baleines, morses, phoques, etc. Des mammifères terrestres, tels que les ours blancs, pourraient y vivre, au moins pendant les saisons où la nourriture ne leur ferait pas défaut.

# II

### Du refroidissement subit survenu en Islande et au Groënland.

Pendant l'été de l'année dernière, une expédition scientifique, sous les ordres du prince Napoléon, a été dirigée, à bord de la corvette la *Reine-Hortense*, vers les mers septentrionales du globe, non pour renouveler les tentatives faites pour aborder le pôle, mais simplement pour explorer les terres glaciales et étudier les banquises ou bancs de glaces qui encombrent la mer.

Il existe une grande terre septentrionale dont la pointe sud aboutit au 60ᵉ degré de latitude (parallèle des îles Sehtland en Écosse, d'Upsal en Suède, et de Saint-Pétersbourg). Cette terre, île, ou presqu'île, est séparée du continent américain par le détroit de Davis; elle fut, suivant les chroniques islandaises, découverte en 982 par des aventuriers normands exilés de la Norvége, leur patrie ; ils la trouvèrent si ravissante, si remplie de bois et de prairies verdoyantes, qu'ils lui donnèrent le nom séduisant de Groënland (terre verte). Ce pays, déjà habité, reçut de nombreuses colonies islandaises avec un évêque, et parvint à un haut degré de prospérité.

Deux nobles vénitiens, les frères Zeni, ayant pris, en l'an 1380, du service auprès d'un prince des îles Fœroë, parcoururent tous les pays découverts au nord par les Scandinaves ; ils dressèrent une carte de leurs voyages et en donnèrent une relation. Confondant le Groënland, appelé par eux *Engroneland* et *Grolandia*, avec l'Islande, ils supposent que ces deux pays sont séparés par la mer et des terres inconnues (*mare et terrâ incognitâ*), et font de l'un et de l'autre une sorte de paradis terrestre, où les montagnes enflammées, les fontaines thermales et les ruisseaux d'eaux chaudes donnent en plein hiver la douceur du printemps et entretiennent la végétation.

Il est certain que l'Islande fut, à une époque asez récente, couverte de forêts de sapins,
de bouleaux et d'autres arbres du Nord. Et cependant un des membres de l'expédition
scientifique de la *Reine-Hortense* a écrit ces
paroles (1) : « L'Islande n'a pas un seul arbre :
le bouleau lui-même a disparu de cette terre
balayée par un vent glacial. Elle n'a pour cou-
vrir la nudité de son sol volcanique que l'é-
ternel manteau de neige étendu sur ses montagnes et la pâle verdure des graminées que le
soleil de juillet fait apparaître au fond de ses
vallées. Le ciel n'a pas toujours traité ces contrées déshéritées avec autant de rigueur. L'Islande a produit jadis d'épaisses forêts, dont les
débris, à peine desséchés, frappent encore le
regard du voyageur étonné ; sous un climat
plus doux, la nature moins avare y a permis à
l'homme d'arriver au plein développement de
son activité, de son intelligence, de sa force ;

(1) *Moniteur universel*, 31 juillet 1856.

et le modeste et paisible Islandais de nos jours
rappelle avec une mélancolie naïve que le sang
de ses fiers et héroïques ancêtres s'est glacé
dans ses veines au souffle du vent mortel que
le nord déchaîne sur son pays. »

Quant au Groënland, il a subi une trans-
formation plus radicale encore que l'Islande;
au moyen âge, il avait tellement séduit les
imaginations scandinaves que, d'après le récit
de Torfœus, un certain Hollur-Geit alla de
la Norvége au Groënland sur la glace, conduit par une chèvre; il y avait de grandes
forêts dont les arbres produisaient des glands
trouvés gros comme des pommes, et où l'on
faisait la chasse aux ours de mer.

Aujourd'hui cette terre a l'aspect d'une
masse affreuse de roches nues et d'immenses
glaciers; d'énormes montagnes de glace flottent le long de ses côtes et remplissent tous
les détroits. Les populations n'y connaissent
pas le pain et n'exercent point l'agriculture;
elles vivent de pêche, et leur commerce con-

siste à échanger des dents de walross et des peaux de veaux marins contre le bois dont elles ont besoin pour leur chauffage et pour la construction de leurs habitations; la côte n'est habitée que dans les endroits où le poisson abonde. Quant à l'intérieur du pays, il est presque impénétrable, à cause de l'encombrement de ses montagnes, séparées par des vallées remplies de glace et de neige.

Le voyageur dont nous avons cité les paroles à propos de l'Islande, dit que les changements survenus dans la constitution climatérique du Groënland ont été encore plus sensibles, et leurs effets sur l'ancienne population de cette contrée plus terribles. « Là une race entière, bloquée tout à coup par les glaces, séparée du reste du monde, s'affaissant sous les rigueurs d'une température inconnue jusqu'alors, une race entière, dis-je, a disparu. Quelques siècles plus tard, le Danemark a installé quelques chétifs comptoirs sur la côte occidentale du Groënland, mais la pré-

sence de ces rares et misérables établissements
à côté des ruines souvent imposantes qu'ont
laissées les anciennes colonies islandaises, ne
témoigne que trop de la révolution dont ces
contrées ont été le théàtre, et leurs premiers
habitants les victimes.

« Comment et à quelle époque cette révolution a-t-elle eu lieu? C'est assurément l'une
des questions les plus intéressantes qui puissent être soumises aux méditations des savants
et aux recherches des navigateurs, puisque
ce grand changement dans l'état physique
d'une partie du globe s'est accompli presque
de nos jours, puisque son histoire est inti-
mement liée à l'histoire et aux malheurs d'un
des nombreux tronçons de la famille humaine,
dispersée sur la surface de la terre.

« Il est certain qu'il y a environ quatre
siècles toute la partie méridionale du Groënland, jusqu'au 70ᵉ degré de latitude pour le
moins, était complétement libre de glaces. Que
les colonies islandaises qui ont fourni au xᵉ siècle

la première population européenne du Groënland se soient établies sur la côte orientale ou
sur la côte occidentale, ou qu'elles se soient
répandues sur les deux côtes, questions que
l'archéologie n'est pas encore parvenue à résoudre d'une manière satisfaisante, il n'en est
pas moins avéré qu'à la fin du XIV<sup>e</sup> siècle ces
colonies communiquaient librement avec l'Islande, avec l'Europe et même avec l'Amérique ; de plus, l'état de leur commerce et de
leur navigation, l'étendue de leurs relations
avec les principaux ports du nord de l'Europe,
ne permettent pas de douter qu'à cette époque
le Groënland ne fût habité par un peuple qui
trouvait dans la constitution de son sol et de
son climat, et dans la nature des mers qui
l'environnaient, les éléments d'une prospérité
véritable.

« C'est dans les premières années du XV<sup>e</sup> siècle
que des bancs épais de glaces, descendus du
nord, semblent avoir fait leur première apparition le long de la côte orientale du Groënland

jusqu'au cap Farewell, et rendu plus difficiles et plus précaires les relations des colonies groënlandaises avec l'Islande et l'Europe. Depuis cette époque, la ceinture de glace s'est resserrée chaque année davantage autour de ce malheureux pays et l'a isolé de plus en plus du reste du monde. En 1480 déjà, le souvenir même de la navigation du Groënland était perdu dans les ports de la Norvége, et, quelques années plus tard, les rois de Danemark faisaient d'inutiles efforts pour en retrouver la trace. »

Les historiens s'accordent à faire remonter la chute des colonies scandinaves à l'apparition de la fameuse *peste noire* qui, après avoir ravagé l'Europe, dépeupla le Groënland en 1408. Quant au refroidissement qui a détruit dans cette contrée toute végétation, il paraît postérieur à cette époque.

Au retour de son voyage, le prince Napoléon fit exposer dans une salle du Palais-Royal, dont notre gravure donne une vue générale, les curiosités rapportées du Nord par la corvette la *Reine-Hortense*. Au milieu de ces collections on remarquait un échantillon d'arbre, bien propre à donner une idée du refroidissement subit survenu au Groënland. Il s'agit d'un tronc de saule desséché, quoique ne paraissant pas d'une époque ancienne ; il avait été trouvé planté debout, à la place où il avait vécu. Ce tronc, de la grosseur de celui de nos arbres fruitiers, forme un contraste étrange avec les saules qui croissent aujourd'hui dans les mêmes parages désolés, au milieu de la glace et de la neige ; leur taille habituelle ne surpasse pas celle des groseilliers et des rosiers de nos jardins. — L'abaissement de la température a donc été tel au Groënland, qu'il lui a suffi de quelques siècles pour faire pousser à l'état d'arbres nains les végétaux qui croissaient auparavant à l'état de grands arbres.

# III

De la formation de la banquise des mers du Nord.

On fait coïncider le refroidissement de l'Islande et du Groënland, la destruction de leur végétation et la chute de leurs colonies, avec l'apparition de la banquise ou banc de glace permanent qui isole ces deux contrées l'une de l'autre. Or, suivant le rapport du membre de l'expédition scientifique de la *Reine-Hortense*, aujourd'hui la banquise, sous la forme d'une bande compacte d'épaisseur variable, règne tout le long de la côte orientale du Groënland, depuis le 70<sup>e</sup> degré de latitude nord jusqu'au cap Farewell, double ce cap à une distance de vingt à trente lieues, et va se perdre le long de la côte occidentale, qu'elle encombre souvent de ses glaçons détachés dans le détroit de Davis. Au nord de l'Islande, rien n'est plus variable que l'état de la banquise. Souvent, s'appuyant sur le cap Nord de cette île, elle ferme complétement le canal qui la sépare du Groënland. Tous les *fiords* ou golfes du nord sont, dans ce cas, obstrués par les glaces, mais la plupart du temps l'Islande reste complétement libre. C'est alors l'île de Jean Mayen qui sert, pour ainsi dire, de base à la bande glacée qui se projette dans la direction du nord-ouest, jusqu'au cap Farewell, sur une étendue de plus de quatre cents lieues. L'île, entourée d'une impénétrable ceinture de glaces, élève au-dessus d'une mer immobile ses pics volcaniques, couverts d'une neige éternelle, tandis qu'une brume épaisse et noire enveloppe ses rivages de ténèbres que dissipe rarement un rayon de soleil du nord.

Depuis longtemps les questions de physique générale que soulève la formation de la banquise groënlandaise ont préoccupé les savants. Cependant aucun système n'a été formulé pour en donner une explication complète, si ce n'est la théorie du refroidissement général de l'hémisphère boréal, dont le premier symptôme serait la marche progressive des glaces polaires vers le sud. Bien que cette opinion puisse s'appuyer sur l'abaissement bien constaté de la température du Spitzberg, les géologues ne paraissent pas l'avoir adoptée. La science voit, en général, dans l'invasion de la banquise groënlandaise un phénomène local et accidentel. M. Élie de Beaumont, sans prétendre donner une solution positive de la question, a proposé aux recherches des navigateurs et des physiciens l'hypothèse d'un exhaussement sensible de la côte orientale du Groënland et du fond du canal qui la sépare de l'Islande. En effet, dans cette supposition, les glaces polaires, entraînées autrefois par les courants jusque dans l'océan Atlantique, où la chaleur provenant du grand courant qui vient du golfe des Antilles les faisait disparaître, auraient pu, à un moment donné, se trouver arrêtées par des fonds récemment exhaussés, et, s'accumulant sur l'espèce de bande où elles s'échouaient, former la banquise permanente qui défend l'approche du Groënland. Peut-être encore l'exhaussement de la côte groënlandaise en aurait-il éloigné quelque courant dérivé du Gulf-Stream, qui, dans les temps antérieurs, aurait suffi, par l'élévation de sa température, pour fondre les glaces amenées du pôle par les courants. On voit, par la forme sous laquelle ces solutions sont proposées et par les réserves qui les accompagnent, que le problème est encore à résoudre, et que les questions théoriques relatives à ces régions glacées sont enveloppées d'autant de ténèbres pour les savants que leur exploration offre de difficultés et de périls pour les navigateurs.

# IV

Des êtres vivants dans les climats polaires.

Nous avons déjà dit combien le Nord est pauvre en êtres organisés vivants. Si l'on en excepte les poisssons et autres animaux de toute sorte qui vivent dans les eaux, le règne zoologique est réduit à bien peu de membres; et l'homme de ces contrées froides qu'est-il lui-même auprès de celui des régions tempé-rées? — Par sa conformation physique, il est évidemment inférieur au reste de la race hu-maine; par son intelligence, il est, s'il se peut, placé plus bas encore dans l'échelle. Pour trouver des êtres humains assez dégradés pour être comparés aux Esquimaux, il faut aller les choisir à l'autre extrémité de l'hémi-sphère boréal, parmi les nègres sauvages qui habitent la zone torride; c'est, du moins, ce que semblent constater plusieurs crânes rap-portés du Groënland par l'expédition de la *Reine-Hortense*, et que l'on a vus exposés au Palais-Royal, en présence de crânes de nègres d'Afrique, de naturels d'Australie et d'Indiens du Mexique.

Un squelette d'Esquimau et plusieurs por-traits et plâtres permettent de retrouver la physionomie de cette race, rabougrie et étiolée, qui s'en va. On fait généralement dériver les Esquimaux, comme les Samoyèdes et autres races du Nord, de la race mongole. Leur taille est petite, leur buste est large et leurs jambes courtes ; ils ont la tête très-forte relativement à leur taille, la figure large et plate, les pommettes saillantes, le nez gros, camard et écrasé à la racine, la bouche grande et les yeux éteints. Leurs traits sont grossiers et tout ridés ; enfin leur figure, sans expression, est hideuse à voir ; ils ne paraissent être, à vrai dire, que des ébauches d'êtres humains. Quant à leur intelligence, elle semble appropriée à leur corps. Voilà ce que le froid, dans les régions du Nord, a fait de l'homme, qu'on proclame le dominateur de la nature ! Il est juste d'ajouter que la chaleur excessive n'a guère mieux traité les races originaires de la zone équatoriale. Dans ce cas, comme dans beaucoup d'autres, la perfection n'est donc pas aux points extrêmes.

Le règne végétal est encore moins favorisé dans ces contrées que le règne animal ; plus de grands arbres, mais un petit nombre d'arbustes chétifs, nains, rabougris et presque à jamais privés de verdure ; pour le reste, des plantes rampantes qui ne s'élèvent guère au-dessus du niveau du sol, des mousses, des lichens, mais jamais d'herbe verte, sauf dans les endroits exceptionnellement exposés au soleil.

Quant au règne minéral, il est riche et souvent plus riche que dans certaines contrées plus hospitalières. Le Groënland surtout est renommé pour l'abondance de ses mines, dont quelques-unes renferment des métaux utiles et précieux. C'est cette terre qui produit principalement la cryolithe, dont on tire aujourd'hui un si bon parti dans la fabrication de l'aluminium.

La collection du Palais-Royal nous paraît avoir de l'importance, en ce qu'elle constate l'état présent des règnes de la nature dans les régions glaciales ; mais il est à regretter que la commission scientifique n'ait pas été mise à même de rechercher quel était autrefois l'état de la surface du globe dans ces contrées presque inhabitables aujourd'hui. Nous avons des raisons pour supposer que cette zone terrestre est extraordinairement riche en débris de races antiques de toute sorte, et même que si l'homme fossile est susceptible de se trouver quelque part, c'est dans les régions polaires qu'il faut le chercher.


FIN

# TABLE

—

# DEUXIÈME PARTIE

## SCÈNES ET TABLEAUX DES MERS POLAIRES.

Tours. — Impr. MAME.

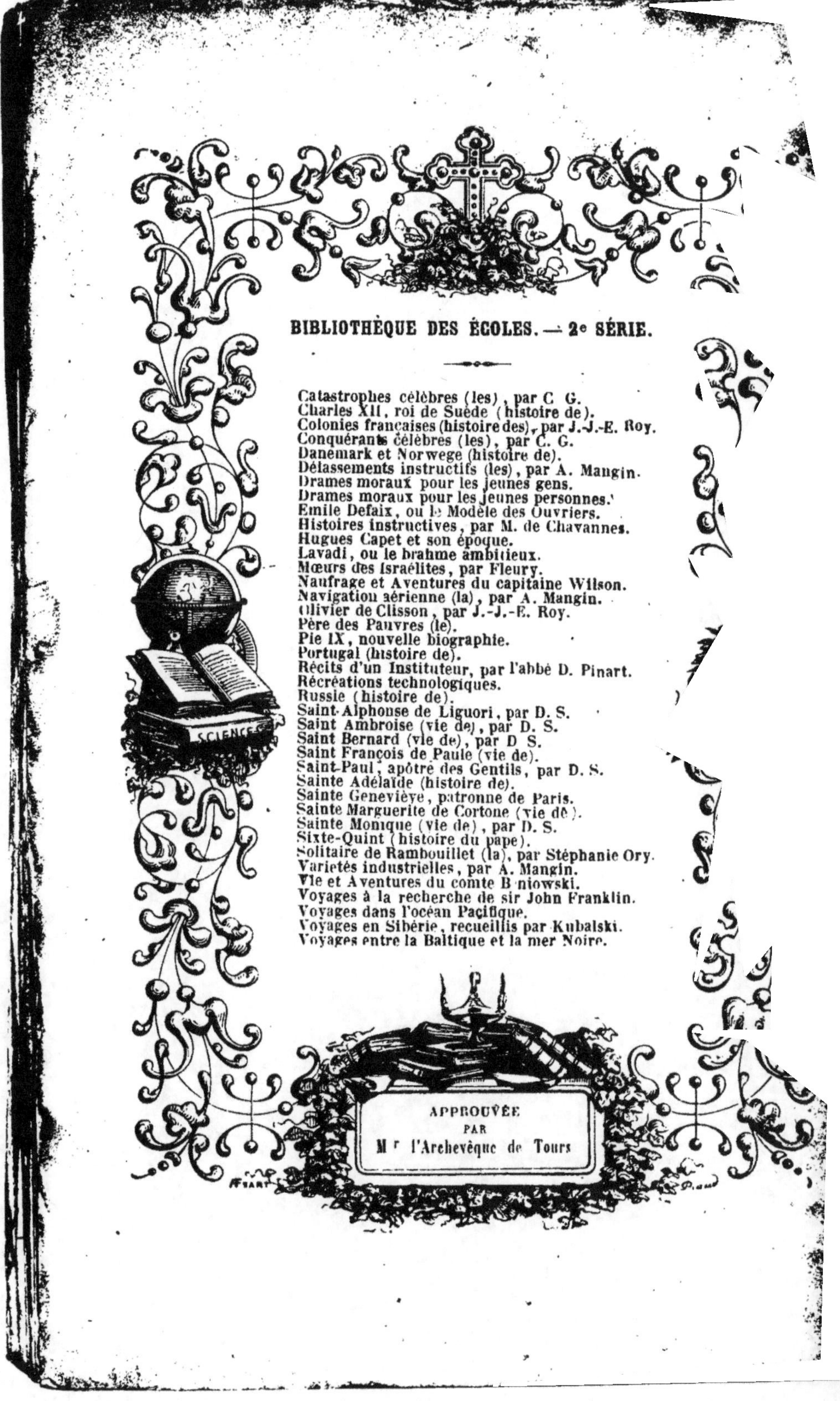


BIBLIOTHÈQUE DES ÉCOLES. — 2e SÉRIE.

Catastrophes célèbres (les), par C. G.
Charles XII, roi de Suède (histoire de).
Colonies françaises (histoire des), par J.-J.-E. Roy.
Conquérants célèbres (les), par C. G.
Danemark et Norwege (histoire de).
Délassements instructifs (les), par A. Mangin.
Drames moraux pour les jeunes gens.
Drames moraux pour les jeunes personnes.
Emile Defaix, ou le Modèle des Ouvriers.
Histoires instructives, par M. de Chavannes.
Hugues Capet et son époque.
Lavadi, ou le brahme ambitieux.
Mœurs des Israélites, par Fleury.
Naufrage et Aventures du capitaine Wilson.
Navigation aérienne (la), par A. Mangin.
Olivier de Clisson, par J.-J.-E. Roy.
Père des Pauvres (le).
Pie IX, nouvelle biographie.
Portugal (histoire de).
Récits d'un Instituteur, par l'abbé D. Pinart.
Récréations technologiques.
Russie (histoire de).
Saint-Alphonse de Liguori, par D. S.
Saint Ambroise (vie de), par D. S.
Saint Bernard (vie de), par D. S.
Saint François de Paule (vie de).
Saint-Paul, apôtre des Gentils, par D. S.
Sainte Adélaïde (histoire de).
Sainte Geneviève, patronne de Paris.
Sainte Marguerite de Cortone (vie de).
Sainte Monique (vie de), par D. S.
Sixte-Quint (histoire du pape).
Solitaire de Rambouillet (la), par Stéphanie Ory.
Variétés industrielles, par A. Mangin.
Vie et Aventures du comte Bniowski.
Voyages à la recherche de sir John Franklin.
Voyages dans l'océan Pacifique.
Voyages en Sibérie, recueillis par Kubalski.
Voyages entre la Baltique et la mer Noire.

SCIENCES

APPROUVÉE
PAR
Mgr l'Archevêque de Tours